AF453068

DESCRIPTION DU JUBILÉ

DE SEPT CENS ANS

DE S. MACAIRE,

PATRON PARTICULIER CONTRE LA PESTE,

Qui sera célébré dans la Ville

DE GAND

CAPITALE DE LA FLANDRE,

A commencer le 30. de Mai jusqu'au 15. Juin 1767., avec le détail ultérieur des Cérémonies, Solemnités, Cavalcade, Ornemens, & des Feux d'Artifice, &c. &c. qui auront lieu à cette occasion.

Le tout enrichi de Figures.

A GAND,

Chez JEAN MEYER Imprimeur de la Ville, sur la Haute-porte à l'Enseigne de l'Epée Roïale.

Avec Privilége de S. M. I. & R. A.

PRIVILEGE.

MARIE THERESE par la Grace de Dieu, Impératrice Douairiere des Romains, Reine d'Allemagne, de Hongrie, de Boheme &c. Archiduchesse d'Autriche, Duchesse de Bourgogne, de Lothier, de Brabant, de Limbourg, de Luxembourg, de Gueldre, &c. Princesse de Suabe & de Transilvanie, Marquise du St Empire Romain, Comtesse de Habsbourg, de Flandre, d'Artois, de Hainau, de Namur &c. Dame de Malines, Duchesse de Lorraine & de Bar, Grande Duchesse de Toscane. A tous ceux qui ces présentes verront, Salut. Nous avons reçu l'humble Supplication & Requête de *Jean Thomas Meyer*, Imprimeur-Libraire en notre Ville de Gand, tendant à obtenir nos Lettres d'Octroi pour imprimer en françois & en flamand un Livret aiant pour Titre: *La Vie de St Macaire, avec la Description des Processions &c. soit avec ou sans Figures, analogues au prochain Jubilé à célébrer en la dite Ville de Gand à l'honneur de ce Saint.* Savoir faisons que Nous ce que dit est considéré, inclinant favorablement à l'humble Supplication & Requête du dit *Jean Thomas Meyer*, lui avons permis, octroié & consenti, permettons, octroions & consentons, qu'il puisse & pourra seul & à l'exclusion de tous autres imprimer le Livret ci dessus mentionné, le vendre, faire vendre & débiter, pendant le terme de six ans, à compter de la date des Présentes, à charge & condition que le Suppliant se conformera en tout aux Edits & Reglemens émanés au fait de la Librairie, & qu'avant d'exposer ledit Livret en vente, il en fasse remettre deux Exemplaires bien & proprement reliés dans notre Bibliotheque Roiale, un dans celle de Notre Trés-cher & Féal, MESSIRE PATRICE COMTE DE NENY, Chevalier de notre Ordre Roial de S. Etienne, Conseiller en notre Conseil d'Etat, Chef & Président de notre Conseil Privé, & un autre Exemplaire dans la Bibliotheque de notre Université de Louvain; Défendons & interdisons bien expressément à tous Imprimeurs & Libraires & à toutes autres Personnes quelconques, d'imprimer ou faire imprimer ledit Ouvrage soit avec ou sans Figures, ou de vendre ou distribuer les Exemplaires qui pourroient en être faits ailleurs, sans le consentement exprès & par écrit du Suppliant, à peine de confiscation des Exemplaires contrefaits, & d'encourir pardessus ce une amende de cent Florins contre chacun des Contrevenans, la moitié applicable à notre Profit & l'autre moitié au Profit de l'Impétrant. Voulons au surplus, que Nos présentes Lettres d'Octroi soient imprimées en entier au commencement ou à la fin de l'Ouvrage cidessus mentionné. Si donnons en Mandement à Nos Trés-chers & Féaux les Chefs & Président & Gens de Nos Privé & Grand Conseils, Président & Gens de Notre Conseil en Flandre & à tous autres Nos Justiciers, Officiers & Sujets qui ce regardera, que de cette Notre présente Grace & Octroi ils fassent, souffrent & laissent le Suppliant pleinement & paisiblement jouir & user sans lui faire, mettre ou donner, ni souffrir lui être fait, mis ou donné aucun trouble ou empêchement au contraire. *Car ainsi Nous plait-il.* En témoignage de quoi Nous avons fait mettre Notre Grand Séel à ces Présentes. Donné en Notre Ville de Bruxelles le douzieme jour du Mois de Février l'An de Grace XVIIe. Soixante Sept & de Nos Regnes le XXVIIme. Paraphé *Ne. vt.* Plus bas étoit écrit, *Par l'Impératrice Douairiere & Reine en Son Conseil*, étoit signé *P. Maria*, & le Grand Séel de Sa Majesté imprimé en Cire vermeille y appendoit à double queue de Parchemin.

AU TRÈS-NOBLE MAGISTRAT
DE LA VILLE
DE GAND.

GRAND-BAILLI

* * * * *

ECHEVINS DE LA KEURE.

M. Jean-Philippe Vicomte de Vilain XIIII.

M. Pierre-Emanuel-Joseph D'hane, Seigneur de Leeuwerghem &c.

M. Charles-Joseph de Beauffe, Licentié en Droit.

M. Antoine-Marin de la Motte, Seigneur de Freſignies.

M. Corneille Carpentier, Treſorier-general de la Province de Flandre.

M. Pierre-Jean Borluut, Seigneur de Noortdonck.

M. Gerard-François Rodriguez Devora y Vega, Licentié en Droit.

M. Antoine de Crombrugghe, Licentié en Droit.

M. Ambroise Rooman, Licentié en Droit.

M. Ferdinand-Emanuel van Hoobrouck, Seigneur d'Axenwalle.

M. Joseph-Laurent Pattheet, Licentié en Droit.

M. Jean-Baptiste Ryngaut.

M. Jacques Goethals.

CONSEILLERS PENSIONAIRES.

M. Pierre-François Pycke d'Idegem.

M. Josse Clincquet.

* 2

M. Charles-François vander Weeden.
M. Pierre-Theodor de Meyere.

SECRETAIRES.

M. Guiliaume-Hyacinthe Gobert.
M. Charles Goethals.
M. Pierre-Gregoire van Alstein.
M. Jacques Joseph Bauwens.
M. Albert Goeman.

SOUS-BAILLI

M. Jean-Baptiste Baron de Heems.

ECHEVINS DES PARCHONS.

M. Charles-Joseph Comte de Lichtervelde, Seigneur de Laethem.
M. Pierre-François Delrio, Seigneur de Nieukercke, Denterghem, Eecke &c.
M. Jean-Rodriguez Devora y Vega, Seigneur de Moortſeele.
M. Antoine Triest.
M. Antoine-Marie de Vaernewyck.
M. Frederic de Vaernewyck, Seigneur de Belleghem.
M. Joseph-Pierre van Volden, Licentié en Droit.
M. François du Bois (dit vanden Bossche) Seigneur de Weghewalle Licentié en Droit.
M. Charles-Philippe-Gabriel Baston.
M. Jean-Baptiste Schoutheet.
M. Jacques van Yperseele, Licentié en Droit.
M. Jean-François de Kersmaeker, Licentié en Droit.
M. Jean-Baptiste de Keerle.

MESSIEURS,

L A Fête de Pâques, qui eft la plus grande & la plus folemnelle parmi les Juifs, n'a été établie que pour les faire fouvenir de leur fortie d'Epypte, & toutes les cérémonies de cette Fête n'étoient qu'autant de monumens de ce qui

leur étoit arrivé & preſcrit de pratiquer ; ˮ Vous
ˮ obſerverez ces cérémonies, dit le Seigneur, &
ˮ quand vos enfans vous demanderont ce que veut
ˮ dire ce Culte réligieux ? vous leur répondrez :
ˮ c'eſt la victime du paſſage du Seigneur, parce qu'il
ˮ a paſſé en Egypte par deſſus les maiſons des En-
ˮ fans d'Iſraël, & qu'en frapant les Egyptiens, il
ˮ nous a délivré.

C'eſt à l'imitation de cette Fête, inſtituée par le
Seigneur, que par un ancien uſage on a conſervé
la mémoire des grands faits en inſtituant des Fêtes
ſolemnelles ; pour cette raiſon, il a plu auſſi à vos
Seigneuries, en vrais Péres de la Ville, d'acorder non
ſeulement la protection pour célébrer le Jubilé de
ſept cens ans de *S. Macaire*, mais pour que la Célé-
bration s'en faſſe avec toute la pompe & magnificen-
ce poſſibles, d'y aporter non ſeulement des lar-
geſſes, mais de n'épargner ni ſoins ni travaux pour
inculquer à un chacun le même zéle & empreſſe-
ment, quoique la plûpart des habitans aïent taché
par une piété exemplaire & un attachement ſingu-
lier, de prendre part à ces Fêtes éclatantes par des
libéralités extraordinaires.

Or comme la préſente Fête eſt auſſi inſtituée dans
la vuë de conſerver la mémoire parmi les habitans
de cette Ville, de la façon miraculeuſe, dont ils ont
été conſervés & protégés par l'interceſſion de *S.*
Macaire des maladies contagieuſes, c'eſt avec raiſon

que ce Jubilé folemnel fe célebre par le prudent &
fage Confeil de vos Seigneuries, par lequel elles ont
fçu gagner l'efprit des Parens & des Bourgeois, afin
de les porter à des efforts qui affuraffent l'entier ac-
compliffement des Fêtes & Solemnités propofées de
célébrer avec éclat à l'honneur d'un fi grand Saint
& Protecteur.

Vous l'avez fait encore dans la vuë, que, les
Peres en inftruifant leurs enfans, ceux-ci leurs def-
cendans & ainfi de fuite, auffi bien que les étrangers
accourus en foule, en faifant à leur retour le recit à
leurs Compatriotes, on puiffe connoître de toutes
parts, & perpetuer à jamais les merveilles, que Dieu
a opérées dans cette Ville Capitale par la puiffante
interceffion de fon fidéle Serviteur *Saint Macaire*.

Pour accomplir des deffeins fi louables & falutai-
res, & pour que la mémoire de ce Jubilé mémorable ne fe perdit jamais, exécuté principalement par
les foins infatigables, par les fecours & les lumieres de vos Seigneuries, j'ai cru de mon devoir de
rendre le tout public par l'impreffion, efpérant
qu'elles voudront bien fermer les yeux fur les dé-
fauts qui pouroient s'y trouver, & confidérer que la
brieveté du tems ne m'a pas permis d'exécuter cet
Ouvrage avec toute la propreté requife, & de donner une defcription plus complette de tous les Arcs
de Triomphe, des Ornemens des Maifons, des Illuminations générales, & de plufieurs autres marques

de joïe, attendu que ma principale intention n'eſt autre que de témoigner à vos Seigneuries le profond reſpect avec lequel j'ai l'honneur d'être,

MESSIEURS,

Votre très-humble & très-obéiſſant
Serviteur & Imprimeur
JEAN MEYER.

GAND le 25. Avril 1767.

AVANT-PROPOS.

ON ne peut rendre assez de graces & de tribut à la divine Providence pour avoir excité parmi nous, dans des tems reculés, des Hommes Saints & Apostoliques, venans de terres étrangeres pour le bien temporel & spirituel de ce pais & du peuple: tels furent surtout SS. Amand, Livin & Macaire, dont nous raportons en bref les hauts faits (pour autant qu'ils nous regardent) afin qu'on comprenne mieux l'obligation où s'est trouvée la Ville de Gand de célébrer avec pompe le Jubilé solemnel de sept cens ans de S. Macaire Patron particulier contre la Peste.

ABRÉGÉ
DE LA VIE
DE S. AMAND.

SAint *Amand* d'origine très-noble est né en Aquitaine aux confins de la France; il s'est rendu Moine fort jeune à l'Isle d'Oye.

Lorsqu'il fut suffisament instruit & affermi dans la vertu & les sciences, il alla à Rome en l'an **627**. sous le Pontificat *d'Honore I.,*

* *

pour vifiter les tombeaux des Apôtres. *S. Pierre* lui aparut , &
l'engagea à retourner en France pour y prêcher le Saint Evangile
aux infidéles.   Il prit la route par l'Allemagne , & arrivé à Treves
le 26. Octobre de l'an 628. à l'âge de 34. ans, fous le Roi *Da-*
gobert , il y fut facré Evêque des Nations. Il entreprit cette fonction
avec beaucoup de zéle & de travaux , quoique pas toûjours avec
un fuccès égal , ce qui l'engagea à fe porter vers les Côtes mari-
times pour racheter des mains des barbares les petits enfans , qu'il
inftruifit & baptifa.

Arrivé à Gand l'an 629. , il y trouva tant de réfiftance & fit fi
peu de progrès , qu'il retourna à Rome pour fe plaindre de l'opi-
niâtreté des idolatres ; mais ranimé de nouveau , il eft revenu muni
de lettres patentes , tant *d'Aicharie* Evêque de Noyon , que de *Da-*
gobert Roi de France , fous qui nous vivions alors. Il trouva , à
fon retour , fon Oratoire détruit , & les Prêtres fes Difciples dif-
perfés : il reprit néanmoins l'œuvre de Dieu , & parvint , malgré
les injures & les réfiftances , à faire abatre en l'an 631. l'image
de *Mercure* , & autres idoles , qu'il a fouftraits à l'adoration publique , en y fubftituant celle du vrai Dieu , à qui elle apartient uni-
quement.

Les prémiers fondemens du Chriftianifme étant jettés dans Gand
avec l'efpoir d'autres fuccès , S. *Amand* partit pour le Tournaifis
dans la vue d'y faire affermir de plus en plus la vraïe foi qu'il avoit
plantée ; mais le malheur voulut , qu'il fut exilé par *Dagobert* en
Gafcogne , parce qu'il l'avoit repris fur fa vie fcandaleufe. Il y fit autant de progrès dans la converfion qu'ailleurs ; entretems il fe con-
cilia avec *Dagobert* , & baptifa à Orleans fon Fils *Sigebert* l'an
635. , & l'adopta pour fils fpirituel.   Après quoi ce Saint Apôtre
retourna à Gand pour la troifieme fois afin de fortifier les Chré-
tiens dans la Réligion & le vrai culte.   Il prit auffi de là occafion
de bâtir deux Monafteres , & les pourvut d'hommes exemplaires ,
l'un au confluent de la Lys & de l'Efcaut , qu'il dédia à S. *Pierre*

& aux autres Apôtres, nommé par la fuite S. *Bavon*; & l'autre au Mont Blandin, qu'il dédia à S. *Pierre* & à S. *Paul*. Il les gouverna tous deux pendant huit ans avec beaucoup de fruit & de fuccès; ce qui ne l'empêcha pas d'inftruire, par fes paroles & exemples, les peuples depuis les deux rives du bas Efcaut jufqu'en Brabant, & ceux du haut Efcaut jufqu'à la Scarpe; apellé de nouveau ailleurs, il prépofa S. *Floribert* en qualité d'Abbé de ces deux Monafteres.

l'An 646. requis par le peuple & contraint par le Roi, S. *Amand* accepta l'Evêché de Maftricht, dont il fe défit trois ans après, aïant fait goûter à S. *Martin* Pape les raifons qui l'y porterent. Il reprit la Vie Apoftolique, durant laquelle il étoit toûjours occupé à travailler à la converfion des infidéles, & à bâtir des Couvents; de retour des païs éloignés, il mourut à S. *Amand* au delà de Tournay l'an 684. à l'âge de 90. ans, fameux par fes travaux Apoftoliques & fa vie admirable.

ABRÉGÉ
DE LA VIE
DE S. LIVIN.

Saint *Livin*, né de Parens nobles & pieux en Ecoffe, eut dès l'enfance le don des Miracles, qui le rendirent fameux. Pour éviter les confidérations humaines, il fe retira dans un bois avec trois Compagnons, où il vecut d'herbes & d'eau. Quand il avoit gagné quelque argent par l'art d'écrire, il le diftribua aux pauvres. Le Roi *Coromagne* le requit à fa Cour; mais S. *Livin* préférant fon falut aux vanités du monde, fe retira chez S. *Auguftin* Apôtre de l'Angleterre, qui le reçut amiablement, & le porta aux plus hautes vertus & fciences, après quoi il le facra Prêtre.

Retourné enfuite dans fa Patrie, il fut élevé, après la mort de fon Oncle, à la dignité éminente d'Archevêque du Roïaume; mais rempli de l'Amour divin, il fut tellement enflammé pour le falut des ames, & la converfion des infidéles, qu'il ne voulut refter d'avantage dans les bornes de fon Evêché; il en laiffa les foins à *Sylvain* Archidiacre, & paffa les Mers avec fes trois Compagnons, *Follien, Elie & Killien*: Dieu dirigea fa route vers Gand, où il fut amicalement reçu & logé par l'Abbé *Floribert*.

Ceci fe paffa peu de tems après que S. *Bavon*, rempli de vertus & épuifé par les auftérités, fut mort en odeur de Sainteté. S. *Livin* aprenant la vie merveilleufe de ce grand homme, pria fur fa tombe, & y dit la Meffe pendant les trente jours qu'il fe prépara à la grande œuvre de l'apoftolat. Il parcourut plufieurs places de la Flandre & du Brabant, où il convertit par fes paroles, par l'exemple des vertus & par plufieurs miracles, nombre d'infidéles; mais arrivé à Effche, village du païs d'Aloft, il y rencontra tant d'opiniatreté, que les idolâtres lui arracherent la langue, la couperent & la jetterent aux chiens : elle lui fut cependant rendue par la Toutepuiffance de Dieu. Ce grand miracle, au lieu de ramener ces infidéles à de meilleurs fentimens, les endurcit d'avantage; car dès que S. *Livin* fut de retour quelque tems après à Effche, dans la penfée que l'ufage de la parole, qu'il avoit fi merveilleufement recouvré, les eut portés à admiration & au changement de culte, ils fe jetterent fur lui, meurtrirent tout le Corps & le décapiterent. Il offrit volontiers fa tête par Amour envers Dieu & pour notre falut; il arrofa de fon fang la vraïe foi, que S. *Amand* avoit prêchée le prémier. Cette mort mémorable arriva le 12. de Novembre 659. felon la fupputation du favant *Bolandus* dans la vie de S. *Amand* le 6. Février. Le Corps de S. *Livin* fut enterré au village d'Authem païs d'Aloft, & depuis tranfporté à Gand avec beaucoup de Pompe dans l'Abbaïe de S. *Bavon*, ce qui donna lieu à le choifir pour Patron de la Ville & Apôtre de la Flandre, & à bâtir une Chapelle à fon honneur, & enfuite une belle Eglife.

ABRÉGÉ
DE LA VIE
DE S. MACAIRE,

Patron particulier contre la Peste.

SAint *Macaire* est né en Pisidie de parens très-nobles & honnêtes ; il a été élevé en toutes sortes de vertus par S. *Macaire* son Parain Archevêque d'Antioche en Asie , qui a eu soin de ses études ; il imita le S. Evêque, en méditant profondement sur les choses célestes , méprisant celles de la terre , désirant les éternelles , de façon que le S. Vieillard s'occupoit sans cesse, afin que le jeune *Macaire* fut son Successeur dans les Dignités Episcopales ; & pas en vain, car il fut unanimement choisi & préposé au Siege d'Antioche, lequel il honora par des prédications continuelles , par des aumônes & des bonnes œuvres, & par plusieurs Miracles ; sa nourriture étoit très-mauvaise , ses habits très-simples, sa maison remplie d'indigens & de malades ; il distribua tout aux pauvres , & ne retint que l'honneur & la prérogative du Siege , qu'il recommanda au digne *Eleuthere*.

Privé de tous moïens, il abandonna avec quelques Compagnons ses parens & le païs pour imiter Jesus Christ ; il visita avec beaucoup de dévotion les lieux saints, & les endroits sanctifiés par notre Sauveur ; il aprit aux Juifs & aux Païens la vérité de l'Evangile , pour laquelle il étoit toûjours prêt à sacrifier sa vie ; il résista à leurs erreurs, & ne fut jamais retenu ni par leurs coups ni leurs menaces ; il fut mis en prison & traité d'une maniere si horrible, qu'on l'y laissa pour mort ; il y fut abandonné sans aucun secours ; peu après il aparut un feu céleste qui consola *Macaire* , le délivra & le guérit ; il sortit des prisons comme un autre S. *Pierre* Prince des Apôtres ; les Juifs furent étonnés, les Païens stupefaits de voir libre, sain & sauf, celui qu'ils avoient lié & meurtri ; ils entendirent parler d'un feu lumineux , des consolations célestes , de la divine délivrance, & de fa guérifon fubite ; ils en furent pénétrés & plufieurs embrafferent notre fainte Réligion.

Après que S. *Macaire* eut vifité les lieux faints de notre Rédemption, avec autant de zéle que de travaux, il les abandonna ; & après plufieures fatigues & voïages (pendant les quels il fit plufieurs Miracles) il arriva en Baviere ; il y demeura quelque tems en éclatant également en Miracles ; de la il eft venu par Mayence à Cologne, laiffant par tout fur fes traces des marques de Sainteté.

Après avoir vifité les lieux faints à Cologne, il partit pour Malines, où à fon arrivée il fit un grand Miracle. Il fut reçu à Maubeuge avec fes Compagnons de la façon la plus amicale ; en arrivant à Cambray, il alla d'abord à l'Eglife de notre Dame pour y paffer la nuit en prières ; le Seigneur voulant faire éclater fes mérites, permit par un Miracle particulier, qu'il fut reconnu d'un chacun ; ce Miracle fe répandit, on honora l'étranger, mais S. *Macaire* évitant toûjours les louanges du monde, partit fur le champ pour Tournay, où il apaifa par fes prières & la S. Croix une émeute populaire en préfence de *Baudouin IV.* Comte de Flandre.

Après que ce S. Homme avoit paffé bien du tems en voïages & fatigues, il a plu au Très-haut de marquer le terme pour le repos de fon fidel Serviteur ; il arriva dans la Ville de Gand où il fut gracieufement reçu dans l'Abbaïe de S. *Bavon* par l'Abbé *Erenboud.* La conduite de *Macaire* étoit édifiante ; elle plaifoit un chacun ; il ne laiffa échaper aucun moment pour exciter le peuple à la vertu ; les largeffes qui lui furent faites, furent d'abord diftribuées aux pauvres, & il tendit à tous une main fecourable.

Entretems il lui prit envie de revoir fa Patrie, mais il en fut empêché par Dieu Tout-puiffant qui lui deftinoit le Roïaume des Cieux ; car dès qu'il fut en chemin avec fon Compagnon, il tomba mortellement malade ; on le reporta à l'Abbaïe ; il fe leva le lendemain fain & fauf par l'intercéffion de S. *Bavon* ; il demeura encore cinq mois dans le Monaftere, défirant cependant de revoir ſa Patrie ; dès que le peuple aprit ſon départ, il vint en foule pour recevoir de ſes mains, le jour de Pâques, la S. Communion, & recevoir ſa derniere Bénédiction.

Tout étant préparé pour le départ ſuivant ſes ſaints déſirs, il a plu à la divine Providence d'aſſurer & pourvoir la Ville de Gand d'un Patron ſi reſpectable ; il regnoit dans ce tems une maladie peſtilencielle ſi cruelle, qu'à peine les vivans ſuffiſoient à enterrer les morts ; il fut ordonné qu'on jeûneroit pendant trois jours, & qu'on donneroit par tout des marques publiques de répentance ; il eſt inexprimable avec quelle dévotion S. *Macaire* pria Dieu pour le peuple, & combien il aſſiſta les mourants dans cette affliction ; mais pendant qu'il fut ſi vivement occupé pour leur ſalut & conſervation, il fut viſité a ſon tour par le Seigneur ; doué de l'eſprit de Prophétie, il aſſura qu'après lui troiſieme, il ne périroit plus perſonne de cette maladie contagieuſe ; il choiſit le lieu de ſon tombeau dans la Chapelle de la Vierge devant l'Autel de S. *Paul* ; le troiſieme jour de jeûne & de prières étant arrivé, on porta en Proceſſion les Reliques des Saints ; on ſoupira, & on pria Dieu, afin qu'il voulut détourner ſa colere, & ne pas exterminer le peuple ; Dieu montra ſa clémence, ému par les pleurs & les prières continuelles du ſaint Evêque.

Peu d'heures avant ſa mort, il s'eſt levé (non ſans un Miracle ſpécial) & il s'eſt montré amicalement à table parmi les Réligieux, & après leur avoir donné la derniere Bénédiction, il s'eſt retiré à ſa cellule, où les yeux tournés vers le Ciel, il recommanda ſon ame à ſon Créateur, & dans le moment il expira en leur préſence ; ſa mort eut encore ceci de remarquable, que ſuivant ſes Prophéties, la peſte qui dévora tout, ceſſa tout d'un coup ; il fut enterré ſelon ſes déſirs dans l'endroit qu'il avoit déſigné, en l'an 1012. le 10. d'Avril ; ce ſaint homme éclata tellement après ſa mort par divers Miracles, que le peuple le conſidéra dès le commencement pour un grand Saint, & l'invoqua comme ſon Patron, par l'interceſſion du quel il a été pluſieurs fois conſervé & délivré ; l'idée de ſa Sainteté s'eſt tellement repandue & conſervée parmi les habitans, qu'en l'an 1067. cinquante cinq ans après ſa mort, ſon tombeau fut ouvert par *Baudouin* Evêque de Tournay & de Noyon, aſſiſté par *Libert* Evêque de Cambray & d'Arras, en préſence de *Baudouin V.* Comte de Flandre, ſon Fils *Baudouin VI.* & de leurs Femmes reſpeĉtives *Adele de France* & *Richilde*, ainſi que du Roi de France *Philippe I.* avec la Nobleſſe, indépendamment des Abbés de S. Bavon *Seiger* & de S. Pierre *Everlin*, accompagnés d'une multitude innombrable de peuple.

Il a plu au Tout-puiſſant de faire paroître, pendant cette ouverture, par un Miracle évident, à la vue des Princes, Evêques, Prélats & autres perſonnes denommées, la Sainteté de *Macaire*, qui depuis cette époque juſqu'a ce jour eſt conſtamment demeuré dans la plus grande vénération, & toûjours invoqué comme un Proteĉteur aſſuré dans les maladies contagieuſes, dont on a éprouvé de tems en tems, ſelon les occurences, des ſecours efficaces.

La reputation de ſa Sainteté & ſon appui admirable, ſe font tellement repandus dans la Flandre, que pluſieurs Villes & Villages ont fait toutes les inſtances poſſibles, afin d'obténir, par la libéralité des Evêques & du Chapitre de S. *Bavon*, quelques Reliques de ce grand Saint ; elles furent généreuſement accordées, & elles font juſqu'à ce jour l'objet de la plus grande dévotion ; ces endroits ont auſſi éprouvé quelques fois l'interceſſion puiſſante de S. *Macaire*, & bien particulierement la Ville de Mons, lorſqu'en 1615., ſous la Domination des Archiducs *Albert* & *Iſabelle*, la peſte y cauſoit un ravage terrible ; elle ceſſa tout d'un coup à l'aproche des Reliques, que la Ville de Gand avoit envoïées, & à quel effet le Magiſtrat de Mons lui a fait préſent avec beaucoup de reconnoiſſance d'une Chaſſe d'argent (dans laquelle elles repoſent encore actuellement) en y ajoutant un aĉte ſolemnel, qui confirme les bienfaits qu'il a recu par l'interceſſion du même Saint.*

* *Voïez la Legende des Saints*, Schatteman, Sanderus *& les Aĉtes des Saints imprimés à Anvers, ſur la vie* de S. Macaire *&c.*

ORDRE DE LA PROCESSION
DE DÉVOTION,

Qui aura lieu les Dimanches 31. *Mai &* 14. *Juin* 1767.

1. L'Ecole des Filles rouges.
2. l'Ecole des Filles bleuës.
3. l'Ecole des Garçons bleus.
4. l'Ecole des Garçons en buffle.
5. La Confrérie *dite* Mont d'argent.
6. La Confrérie des Poiſſonniers d'eau douce.
7. La Confrérie des Portefaix du Marché au poiſſon.
8. La Confrérie des Dechargeurs de poiſſon.
9. Le Serment des Cordiers & Ceinturiers avec leurs Notables.
10. Le Serment des francs Portefaix avec les Notables.
11. Le Serment des Méſureurs de bled avec les Notables.
12. Le Doïen & Notables des Filetiers.
13. Le Chef & Notables des Huiliers & Meuniers.
14. Le Chef & Notables des Maréchaux, Serruriers, & Armuriers.
15. Le Doïen & Notables des Aubergiſtes & Cabaretiers.
16. Le Chef & Notables des Marchands de Vin & Tonneliers.
17. Le Chef & Notables des Chirurgiens & Barbiers.
18. Le Chef & Notables des Teinturiers en rouge & en bleu.
19. Le Chef & Notables des Pelletiers & Fourreurs.

* * *

20. Le Chef & Notables des Corroyeurs de cuir blanc & noir, & Gantiers.
21. Le Chef & Notables des Tanneurs, Cordonniers & Savetiers.
22. Le Chef & Notables des Maçons, Couvreurs de Tuiles & Plafonneurs.
23. Le Chef & Notables des Charpentiers, Conftructeurs de Bateaux, Scieurs & Marchands de bois, Ménuifiers, Tourneurs, & Charrons.
24. Le Chef & Notables des Orfévres & Etainiers.
25. Le Chef & Notables des Merciers, Ceinturiers, Chapéliers & Peintres.
26. Le Chef & Notables des Epiciers, Marchands de Fromage & Graiffiers.
27. Le Chef & Notables des Tapiffiers, & Tifferans de Toile.
28. Le Chef & Notables des Tailleurs, Vivariers & Chauffetiers.
29. Le Chef & Notables des Tifferans de laine.
30. Le Chef & Notables des Braffeurs.
31. Le Chef & Notables des Boulangers.
32. Le Chef & Notables des francs Bateliers.
33. Le Chef & Notables des Poiffonniers.
34. Le Chef & Notables des Bouchers.
35. La Confrérie du Vénérable de la Paroiffe de S. *Martin*.
36. Celle de la Paroiffe de S. *Sauveur*.
37. Celle de *notre Dame*.
38. Celle de S. *Jacques*.
39. Celle de S. *Michel*.

40. Celle de S. *Nicolas.*

41. Celle de la Cathédrale de S. *Bavon.*

42. Les Révérends Péres Carmes déchauſſés.

43. Les Révérends Péres Capucins.

44. Les Révérends Péres Recollets.

45. Les Révérends Péres Carmes.

46. Les Révérends Péres Auguſtins.

47. Les Revérends Péres Dominicains.

48. La Confrérie de S. *Macaire*, à Gand, & d'autres Lieux.

49. Le Clergé de la Paroiſſe de S. *Martin.*

50. Celui de la Paroiſſe de S. *Sauveur.*

51. Celui de *Notre Dame.*

52. Celui de S. *Jacques.*

53. Celui de S. *Michel.*

54. Celui de S. *Nicolas.*

55. Le Chapitre de S. *Pharailde.*

56. La Chaſſe d'argent, dans la quelle repoſent les Reliques de S. *Macaire.*

57. Le Clergé de la Cathédrale de S. *Bavon.*

58. Les Religieux de l'Abaïe de S. *Pierre* en Chappes d'un coté.

59. Les Chanoines du Chapitre de S. *Bavon* en Chappes de l'autre.

60. Au milieu ſept Abés de la Province de Flandre.

61. Devant le Vénérable les Porteurs de la Navette ou Boite remplie d'Encens, & pluſieurs Encenſeurs.

62. Le Saint Sacrement porté fous un Dais très-magnifique par le Révérendiffime Seigneur Evêque de Bruges.

63. Le Confeil de Flandre.

64. Les Avocats au dit Confeil.

65. Les Procureurs.

66. Le Magiftrat de la Keure.

67. Celui des Parchons.

68. Les Procureurs de la Keure.

69. Ceux des Parchons.

70. Les fept Loix Subalternes de la Ville.

71. La Confrerie de S. *George*.

72. Celle de S. *Michel*.

73. Celle de S. *Sebaftien*.

74. Celle de S. *Antoine*.

ORDRE DE MARCHE
POUR LA CAVALCADE

Qui fera exécutée le 1., 9. & 15. Juin dans l'après-dinée.

Elle fera partagée en quatre parties, dont la prémiere fous la Direction des R.R. P.P. JESUITES, & la quatrieme & derniere fous celle des R.R. P.P. AUGUSTINS.

OUVERTURE

A la Cavalcade avec ce Chronographe,

MaCarII LaUDes eXtoLLo.
Je publie à toute la Terre
Les louanges de Saint Macaire.

1. LEs deux Majors de la Ville ,

2. Suivis d'un détachement de Grenadiers du Régiment de Dragons du Comte de *St. Ignon.*

3. Les Timbalier & Trompettes de la Ville.

I. ANIMAL.

LE PAON *

4. **T**Iré à deux chevaux, répréfente l'orgueil des idolâtres, combatu par la prédication de S. *Amand*; le Chronographe fuivant en défigne l'époque. . . . . 631.

. . . . CULtUsqUe aC faſtUs ConCULCat aVernL

> Amand *vrai Serviteur de Dieu*,
> *Chaſſa les démons de ce lieu.*

Autre explication par les vers fuivans ;

> Faſtum idolorum Gandæ contrivit *Amandus*,
> Et veræ Fidei femina prima dedit.

> *Animé d'un célefte zéle*,
> Amand *terraſſa les faux Dieux*,
> *Il montra la gloire éternelle*
> *Aux peuples fuperſtitieux.*

I. CHAR DE TRIOMPHE **

5. **A**Telé de quatre chevaux, répréfente la deftruction de l'idolatrie, avec les atributs d'autel, idole, prêtres, facrifices &c. plus haut deux génies, l'un tenant une croix, l'autre un livre & une ancre, entourans S. *Amand*: au fommet la *Réligion* triomphante avec ce Chronographe,

. . . . eVersIs fanIsqUe DIIsqUe,

Vos ChrIsto genUIt.

B
LIVIA
F. Leytbrock fecit Gandavi

Idoles, temples renverſés,
Montrent un changement extrême,
Les peuples ſont recompenſés
Par un ſalutaire Batême.

Le Char eſt conduit par un Ange, tenant ces Vers;

Theſaurum Belgis Fidei plantavit *Amandus,*
Nonne igitur Belgis ſemper amandus erit?
Des Païs-bas, ſur tout de Gand,
Amand *fut le vrai Protecteur,*
Nous devons à un Apôtre ſi grand
Et la foi & notre bonheur.

✹✹

Aſpice Ganda Patrem: genuit te Præſul *Amandus:*
Et grates Superis, gratesque repende Parenti.
Quanta fuit paſſus Præſul, dum ſubderet Urbem
Legibus æternis, fictasque everteret aras,
Inferretque Deum Gandæ; genus unde beatum,
Et populus Chriſti, celſique eſt cultor Olympi.
Inſignem pietate Virum tot adire labores
Impulit ecce tuæ, Gandavum, cauſa ſalutis;
Hinc quoties Patris memorabis carmine laudes,
Mente Deo gratâ, toties cantare memento:
Tantæ molis erat Gandenſes condere *Chriſto !*

LA RÉLIGION

6. AVec ce Chronographe, pour les Châtellenies & Païs ſuivans du Département de Gand, où S. *Livin* a prêché.

ILLUstrastI nos, LIVIne, DogMatIs ChrIstI.

Livin quelle obligation
Ne doit point vous avoir la Flandre,
A votre Prédication
On ouvrit les yeux pour ſe rendre.

CHÂTELLENIES ET PAÏS.

7. LE VIEUBOURG,   COURTRAI,
    AUDENARDE,   PAIS D'ALOST,
    PAIS DE WAES,   DENDREMONDE, &c.

II.

LE PHÉNIX.*

8. TIré à deux chevaux, répréfente S. *Livin*, renaiffant par le facrifice de fon fang, avec lequel il arrofa la Flandre, & fit revivre la Ville de Gand; l'Epoque en eft marquée par le Chronographe du tems . . . . . 659.

. . . . gIgnItUr aLter
è CInere arDentIs :

Des cendres d'un Phénix, il en renait un autre ;
Du fang de Saint Livin, *il nait un autre Apôtre.*

Nafcitur ut Phœnix, Phœnicis funere : fparfo
Sic ex *Livini* fanguine, fparfa Fides.
Saint Livin, *cet homme fi rare,*
Enfin la mort nous le fouftrait,
Mais malgré tout effort barbare,
Sa Vertu plus pure renait.

II. CHAR.**

9. ATelé de quatre chevaux, répréfente S. *Livin* Apôtre de la Flandre, & Patron particulier de la Ville, élévé en gloire : au deffus quelques Anges, dont les uns tiennent les

---

* Il a été donné par la Libéralité des Métiers des Tourneurs & Menuifiers en blanc. *Voïez planche B N.o* 4.
** Il a été donné par la Libéralité du Métier des Efcraigniers. *Voïez planche B. N.°* 5.

Dignités épiscopales, & les autres les inftrumens de fon Martire ; au bas un Ange avec ce Chronographe :

. . . .   FIDes LIbato sangUIne tInCta.

Par le ſang arroſée
La Foi eſt augmentée.

※※

Haud fatis eſt Gandam Cœlo fuperaſſe rebellem,
Invexiſſe fidem, populum docuiſſe timêre,
Et redamare Deum ; niſi quæ plantavit *Amandus*,
Irriget in Domino virtutibus alter Apollo.
Hoc opus hic labor eſt : at, quæ funt ardua Cœlo ?
Ut dederat naſci, dat creſcere Civibus. Ecce
Per pelagi fluctus, *Livinum* Scotia mittit.
Ipſe cruore rigat, quidquid plantavit *Amandus*.

(6)

PRÉMIERE PARTIE,

Elle commence par ce Chronographe ;

sIC septIngentIs GanDæ MaCarIUs annIs
JUbILat . . . .

Macaire depuis sept cens ans
Se voit fêté par les Flamands.

LA RENOMMÉE

10. PUbliant par tout ce Jubilé par le Chronographe suivant ;

septeM tUbIs, qUIbUs sUa JUbILa eXtULerUnt
Veteres , præDICatUr FestIVItas.
Sept Anges la trompette en mains ,
Comme sous la loi de Moïse ,
Annoncent du soir au matin
La Fête que l'on solemnise.

11. SEpt Anges avec des Trompettes , par allusion aux sept Trompettes , avec lesquelles on étoit acoûtumé dans l'ancienne Loi , d'annoncer le Jubilé au peuple ; chacun portant un Chronographe à la louange de Saint *Macaire* , à l'imitation de différens textes de l'Ecriture Sainte.

1. BUCCInate. . . . InsIgnI DIe soLeMnItatIs Vestræ. *ex Pf.* 80.
Sonnez la Trompette, au jour solemnel de votre Fête.

2. LaUDate CYMbaLIs JUbILatIonIs. *ex Pf.* 150.
Louez-le au son des Timbales.

3. EXULtate Deo , psaLLIte MaCarIo. *ex Pf.* 97.
Réjouissez vous en Dieu , & louez Macaire.

4. JUbILate eI In ConspeCtU RegIs DoMInI. *ex Pf.* 97.
Célébrez sa Fête à la face du Seigneur votre Roi.

5. LaUDate noMen eJUs In Choro aC tUba. *ex Pf.* 149.
Exaltez son nom en chœur de Musique.

6. CanIte Deo, qUIa MIrabILIa feCIt In terra Vestra. *ex Pſ.* 97.
   Chantez devant Dieu, parce qu'il a operé des merveilles dans votre Païs.

7. LaUDabILe noMen eJUs per sæCULa. *ex Pſ.* 112.
   Que ſon Nom ſoit loué dans tous les ſiecles.

III. CHAR ✳

12. A Telé de quatre chevaux, ſur lequel eſt aſſiſe la Pucelle de Gand, défendue par le Lion : elle tient l'Etendart & les Armes de la Ville, avec ces Chronographes des deux côtés.

sanCto MaCarIo senatUs & popULUs GanDensIs.
   A l'honneur de Saint Macaire
   Le Magiſtrat, & le Vulgaire.

GanDenses CIVes, taM sanCto præsULe, tUtI.
   Au peuple de Gand
   Ce Saint eſt un garand.

A côté de la Pucelle de Gand ſe trouve le Lion en ſigne de ſa fidélité ordinaire, & par lequel elle eſt défendue ; cela s'exprime par les Vers & Chronographe ſuivans.

AUXILIo est VIrgo GanDensIs tUta LeonIs,
   Est qUoqUe MaCarIUs tUtor, & UsqUe fUIt.
   Sous l'appui du Lion, la Ville eſt défendue,
   Par Saint Macaire elle eſt mieux ſoutenue.

✳✳

Flandrorum ex votis, ex votis Ganda ſuorum
Jubila *Macarii* celebrare, ut plura requirunt
Sæcula, vult & amat : pretioſos erigit arcus,
Atque triumphales currus, quos ordine longo,
Veſtibus induti variis, habituque ſuperbo,

---

* Donné par la Libéralité de Meſſire Baron de Coppens d'Eeckenbrugge &c.
Voiez planche A.

Moti in *Macarium* Cives pietate ſequuntur.
Nobilitas , Clerus, Populus lætantur , & unà
Tot Spectatores variâ ex Regione quot adſunt,
His etiam comites quatuor de partibus orbis
Se jungunt gentes , curruque advecta ſuperbo
Quæque ſuo incedit: raros quos ſingula fructus
Harum producit tellus , pretioſaque cuncta
Macario hæc in dona ferunt, ejusque triumphum
Exornant, ſanctumque virum venerantur amantque.
O quot non pueris , & adhuc ætate tenellis
Et mater genitorque ſuis miracula pandunt!
Hosque attollentes humeris , ut ſingula cernant,
Plura manu, digitisque illis ſpectacula monſtrant :
Sic amor , & pietas teneris impreſſa medullis
Sanctum in *Macarium* ventura in ſæcula vivent.
Diſcite, vos Gentes , exemplo diſcite Gandæ,
In Sanctis laudare ſuis Dominumque Deumque.

✸✸

13. Les deux Etendarts du Collége des RR. PP. Jéſuites.

14. Le génie du même College avec ce Chronographe ;

MaCarIo JUbILant ſoCIetatIs stUDIosI.

> *Les Ecoliers de la Société,*
> *Se dévouant à ce Patron,*
> *Prennent part à la Solemnité*
> *Qui éterniſe ſon nom.*

15. LA PIÉTÉ.	LA DOCTRINE.
ʜᴀC ItUr aD CœLUM VIa.	Dat CIVIbUs CoLUMen.
Les Vertus, la Dévotion,	*A qui l'Etat doit ſon bonheur ?*
Et la ſainte Réligion,	*C'eſt à l'éducation ſans doute,*
Nous indiquent le chemin	*C'eſt donc vouloir ſon malheur*
Pour une heureuſe fin.	*Que de s'écarter de cette route.*

16. Le

16. Le Porte-Etendart de *Baudouin IV.*, fous la Souveraineté du quel la pefte ceffa à Gand à la mort de S. *Macaire.*

17. Vingt Nobles de la fuite du Comte, dont les deux derniers portent les Vers & Chronographe fuivans à l'Epoque de 1012.

I. . . . . ᴀCrIor ILLo
ɴon stetIt In beLLIs ʙaLDUIno beLLIger aLter.

> *Jamais on ne vit fur la terre*
> *Plus vaillant que* Baudouin *en guerre.*

2. Hoc Comite atra lues, urbes dum vaftat & agros,
Flandria *Macarii* funere falva fuit.

> *De fon tems du Ciel la vengeance*
> *Sur nous répandit fes fléaux;*
> *Mais* Macaire *meurt, & ces maux*
> *Prennent fin par fon affiftance.*

18. BAUDOUIN IV. furnommé la belle barbe, VI. Comte de Flandre. ✖✖✖✖✖ OGNIE *de Luxembourg,* fa Femme.

I I I.

LE PÉLICAN.*

19. **T**Iré a deux chevaux, répréfente S. *Macaire,* faifant à Dieu le facrifice de fa vie pour la confervation de la Ville; cette allegorie eft rendue par ces Vers & Chronographe:

Ut VIVant, refoVet ᴘeLICanUs sangUIne pULLos,
hIC perIt, Ut VIVat LIbera ɢanDa LUe.

> *Pélican pour fauver ta race,*
> *Avec joïe tu perce ton cœur;*

---

* Il a été donné par la libéralité de la Généralité des Rafineurs de Sel & Savoniers, & de la Confrérie de *S. Gregoire* entretenue par les francs Maitres d'Ecole. *Voïez planche* C. N.° 6.

Macaire pour Gand volontiers meurt,
Montrant le chemin de la Grace.

※※

. . . . *sanguine nutrit:*
Est apud Ægyptos volucris rarissima : littus
Incolit hæc Nili : Pelicanus nomine : nidum
Concava saxa tenent : natos ne perdat, amore
Pectora confodiens, materno *sanguine nutrit.*
Alter adest Cœli Pelicanus, & alter amore,
Ac pietate parens, conservans sanguine sacro,
Quos genuit Superis, & quos revocavit ab umbra
Mortis : nec satis est, proprio si sanguine pascat :
Major enim pietas, major prudentia Divo,
Major & in natos chari stat cura Parentis,
Dum *Christo* genitos pascit quoque sanguine *Christi.*

IV. CHAR *

20.   **A** Telé de quatre chevaux, dénote le fléau de la peste. Au bas la Nymphe de Gand gémissante sur la désolation des habitans qui l'environnent &c.

Audessus S. *Macaire* à génoux, se dévouant pour la conservation du peuple, & arrêtant l'Ange exterminateur : ce Saint paroît proférer ces paroles ; qui ont raport au tems de sa mort 10. Avril 1012.

. . . . CaDo eCCe LUbenter
sI popULo parCIs.

Je mourrois Seigneur, mille fois ,
Pour sauver la vie aux Gantois.

---

* Il a été donné par la libéralité des Confréries du S. Sacrement des Eglises Cathédrale de *S. Bavon*, & Paroissiale de *S. Jaques.*
Voiez planche C. *N.º* 7.

7.
8.
9.
I.L. Wachter fil. fecit aqua forti.

✶✶

Funere vicinos cùm Gandæ impleverat agros,
Pervenit ad miferos damno graviore colonos
Peftis, & in magnæ dominatur mœnibus Urbis:
Nec moderator adeft, inque ipfos fæva medentes
Erumpit clades. Obfunt authoribus artes:
Quo propior quisque eft, fervitque fidelior ægro,
In partem lethi citiùs venit: atque falutis
Spes abiit, finemque vident in funere morbi.
Qui lacryment defunt: indefletæque vagantur
Natorum, matrumque animæ, juvenumque, fenumque.
Nec locus in tumulos, nec fufficit arbor in ignes.
Quæ Regio in terris noftri non plena doloris,
Cum cernit quî gentem, & lamentabile Regnum
Eruerit peftis! fed cur renovare dolorem?
Ecce fuo Medicus, qui tollit funere peftem,
Gallenos fuperans, Gandavo fufficit unus.

✶✶

21. Le Porte-Etendart de *Philippe I.* Roi de France, qui fut pré-
fent à l'élévation des Reliques de S. *Macaire*, avec les deux
Princes fuivans, le 9. Mai 1067.

22. Vingt Nobles de la fuite du Roi, dont les deux derniers portent les Chronographes fuivans:

1. patronI nostrI reLLIqUIæ, aDstantIbUs hIs prInCIpIbUs,
pUbLICo CULtUI popULo eXposItæ fUerUnt.

> *Gand vit une Cérémonie*
> *Qui avec pompe fe fit,*
> *Où la piété réunit*
> *Trois Princes d'exemplaire vie.*

2. aDstat phILIppUs FranCIæ JUnIor, sUb InsULensIs
qUIntI feLICe tUteLa, eX VotIs ConstItUtUs.

Philippe *Roi de France*
Sous la tutéle de Baudouin ,
Avec toute ſa puiſſance
Parut à ce culte du Saint.

23. PHILIPPE Roi de France lors de ſa minorité ſous la tutéle de *Baudouin V.*, à la requiſition du Roi ſon pére *Henri.*

24. Deux Gentilshommes de *Baudouin* avec ces Chronographes :

    1. ᴀDstat ʙaLDUInUs ᴘIUs ,

    2. ᴀDest aDeLa ᴘII UXor.
    Avec grande magnificence
    Baudouin , *Adele* , & *leur Maiſon* ,
    Honorerent de leur préſence
    Le prémier culte du Patron.

25. BAUDOUIN V. dit de Lille ✠ ALIX ou *Adele de France* ſa
ou le pieux, VII. Comte de   Femme.
Flandre.

26. Deux Gentilshommes de *Baudouin* avec ces Chronographes :

    1. ᴀtqUe MontanUs ꜰILIUs ,
    Baudouin *de Mons guidé par la pieté*
    Vint joindre ſon Pére & *ſa Mére* ,
    Pour la Fête & *Solemnité*
    De notre Patron Saint Macaire.

    2. Veré oMnes Unâ VeneratIone pLenI.
    Ces Princes & *notre Souverain*
    Virent l'ouverture des Reliques ,
    Et le Miracle opéré par le ſaint ,
    Excita des cris publiques.

27. BAUDOUIN VI. dit de Mons, ✠ RICHILDE *de Hainaut* ſa
VIII. Comte de Flandre.   Femme.

I V.
LA LICORNE.*

28.   Tirée à deux chevaux, montre les secours puissans de S. Macaire dans les maladies contagieuses, avec ce Chronographe du tems de l'élévation : . . . . . 1067.

NoVo beLgII thaUMatUrgo.
Dieu par son intercession
Veut bien exauçer nos prières ;
On a vu dans l'occasion
Des merveilles très-singulières.

Hoc uno variis cornu sanabere morbis,
Hic unus cunctis prompta medela malis.
Cet animal contient en soi
Une vertu très-salutaire,
Mais la confiance & la Foi,
Nous rendent plus sûr de Macaire.

✺✺

Fert hæc medicamina mundo.
Bellua quid monstrat, cornu cûi nomen ab uno ?
Mentis candorem Præsulis illa notat.
Purior hâc ullis non currit bellua sylvis.
Purior haud illo Divus in axe nitet.
Prætereà misero *fert hæc medicamina mundo :*
Et miseris Præsul sæpe medela fuit.
Utque fera hæc abigit cornu quodcumque venenum,
Funere sic Gandæ sustulit ille luem.

---

* Elle a été donnée par la libéralité des Métiers des Peintres, Sculpteurs & Vitriers. *Voïez planche C. N.º 8.*

V. CHAR.*

29. A Telé de quatre chevaux, répréfente un temple & l'élévation des Reliques du Tombeau de S. *Macaire.*

Au bas la Lys & l'Efcaut, qui fe joignent vers l'endroit de
cette élévation ; quatre Anges portans les marques de la Dignité épifcopale ; le Tombeau du Saint ouvert par *Baudouin*
Evêque de Tournay & de Noyon, affifté par *Libert* Evêque
de Cambrai ; à côté de ces Evêques, les Abbés de S. Bavon
Seiger, & de S. Pierre *Everlin ;* derriere eux les *affiftans :*
le temple eft couronné de deux cercles dorés & d'une croix,
par allufion au Miracle qui fe fit lors de cette ouverture, en
préfence des Princes fusnommés, des Evêques, Prélats, No-
bleffe, & un grand nombre de peuple : fur la Tombe du
Saint eft écrit ce Chronographe :

. . . . ossa LeVantUr hUMó
patronI nostrI.

> *On leve les os du Tombeau*
> *Qui chaffent de nous le fléau.*

❃❃

Tempus erat, quo facra Deus revocaret ad auras
Pignora, quæ toties profunt mortalibus ægris.
Effodiuntur humo, facrasque feruntur ad aras.
Nec mora, divinis implentur odoribus ædes.
Obftupuêre omnes, intentique ora tenebant
Rex, Comes, & Natus Comitis, Procerumque caterva.
Inde thoro Præful cunctis dum monftrat ab alto
Relliquias Divi, numerans ex ordine partes,
Vocibus horrendis tonat innumerabile vulgus,

---

* Il a été donné par la libéralité du Métier des Merciers.
Voiez planche C. N.º 9.

Et ſtrepitu portas tentat perfringere Templi.
Panditur hinc ſubitò domus omnipotentis : Et ecce
Bina locum , ſacrasque ædes (mirabile diƈtu !)
Cingunt ſerta. Dei portentum denique complet
Crux ſuperimpendens , Cœli rutilantior aſtris.

LA FOI

30.   A Vec ce Chronographe pour les Villes ſuivantes , où S.
     Macaire a fait des Miracles :

    Hæ CIVItates MaCarII præsIDIo gLorIantUr.
    Les peuples de plus d'une Ville
    Admirerent ſon grand pouvòir ,
    Qui leur fut ſi ſouvent utile ,
    Quand même ils n'eurent plus d'eſpoir.

31.   MALINES ,   MAUBEUGE ,
      CAMBRAI ,   TOURNAY ,
      MONS ,   GAND , &c.

32. Le Porte-Etendart des Archiducs *Albert* & *Iſabelle* Souverains
des Païs-bas , lorſqu'en l'an **1615**. la peſte ceſſa à Mons à
l'aproche des Reliques de S. *Macaire* , qui y avoient été envoïées de la part du Chapitre de l'Egliſe Cathedrale de S. *Bavon.*

33. Vingt Grands d'Eſpagne de la ſuite des Archiducs.

34. Deux Gentilshommes portans ces Chronographes :
Pour l'Archiduc ALBERT.   Pour l'Archiducheſſe ISABELLE.
VeLUt pater fLanDros sUos   VeLUt Mater fLanDros
    DefenDebat.   foVebat.

    Albert *de tous nos ennemis*
    Nous garantit par ſa vaillance ;
    Iſabelle *mit ſa puiſſance*
    A chérir des Sujets ſoumis.

35. ALBERT.   ISABELLE.

36 Deux Gentilshommes de la même suite, portans ces Vers :

1. His dum Principibus felicia fæcla fluebant,
Dira lues Montes deftruit Hannoniæ :
  Sous des Princes fi vertueux
  Le fiecle d'or fembloit renaître ,
  Quand Mons vit la pefte paraître
  Qui dans fes murs fit un ravage affreux ;

2. *Macarii* exuvias pofcit cum Plebe Senatus ,
Impetrat, & præfens adfuit auxilium.
  Le Sénat crut néceffaire
  d'Avoir recours à Saint Macaire ,
  Il en obtint les Reliques ,
  d'Abord ceffent les peines publiques.

V.

LE LION *

37. Tiré à deux chevaux , indique la reconnoiffance toujours fecourable de S. *Macaire* , envers ceux qui l'invoquent, ce qui s'exprime par ces Chronographe & Vers :

. . . . ɴULLUs, CUstoDe Leone, tIMebIt.
  Sous la garde de ce Lion
  Toute crainte eft hors de faifon.

Exitium Patriæ peftis fi dira minatur,
Macarius Cuftos, ceu Leo, femper erit.
  l'Affreufe pefte paroît-elle ,
  Au Saint foit votre recours ,

---

* Il a été donné par la libéralité du Métier des Orfévres.
Voïez planche D. N.o 10.

C'eft

11
10
D
13
12
J. C. Smilers fils fecit aquaforti

C'eſt un Lion de grand ſecours,
Lorſqu'on eſt ſous ſa tutéle.

✳✳

Superat pietate Leonem.

Corpora magnanimo ſatis eſt proſtraſſe leoni :
   Pugna ſuum finem, cum jacet hoſtis, habet.
Par animo Divus *ſuperat pietate Leonem* :
   Vulnerat, & ſanat; quod Leo neſcit, agit.
Hœc pietatis opus præſtat, dum ſolis ab ortu
   Tendit ad occaſum, quo ſua fata vocant.
Indiſcretus amor rogat, & violentia Divûm
   Urget, ut Armeniæ tecta relicta petat.
Invocat hic Superos, & Cœlo Vindice, turba
   Criminis in pœnam, lumine capta ruit.
Quo læſit Præful, reſtaurat lumina Cœlo,
   Et timuit populus, qui nocuêre, Deum.

VI. CHAR DE TRIOMPHE ✴

38. **A**Telé de ſix chevaux, répréſente S. *Macaire* en gloire.
Au bas la Paix & la Juſtice qui s'embraſſent ; plus haut
la Ville de Gand, ſe repoſant ſur le Lion, & portant ſa vue
ſur celle de Mons, à la quelle elle tend une main ſecoura-
ble ; cette derniere Ville lui fait préſent d'une précieuſe Chaſſe
d'Argent, dans la quelle repoſent actuellement les Reliques
de S. *Macaire :* plus élevé ſe trouve l'Infante *Iſabelle Claire
Eugéne,* qui eſt inſcrite dans la Confrérie de S. *Macaire* à Gand,
faiſant des Offrandes ; au ſommet S. *Macaire* en gloire ; au
deſſus du Saint on lit ce Chronographe :

------

* Il a été donné par la libéralité du Chapitre de S. Bavon, & de la Confrérie de
S. *Macaire,* tenue dans la Cathédrale.
Voïez planche D N.º 11.

ᴘerpetUUs In CœLo ɢanDensIUM proteCtor.

Gantois il sera votre apui,
Prenez recours à lui.

InVoCa Me In DIe pestIs aC trIbULatIonIs. *ex Pf.* 49. ℣. 15.

Des maux voïez vous un nuage
Qui soit pret à vous écraser,
Saint Macair' *dans cet orage*
Vous tirera du danger.

Les chevaux du Char font montés par fix Anges, portant chacun un Epigramme :

1. Quam faufto, *Macari*, venifti fidere Gandam,
   Cuî tua mors vita eft, & tua vita falus.

   Macaire *vint à Gand, pour nous quel heureux fort !*
   Vivant il guerit l'ame, & nos maux par fa mort.

2. Pro Patria vitam pofuit peregrinus ; at ille
   Non peregrinus erat, fed genuinus amor.

   Macaire *eft étranger dans Gand,*
   La charité le rend Flamand.

3. *Macarius* dum pefte flagrat, dum flagrat amore
   In populum, geminis ignibus uftus obit.

   De deux feux confumé
   Macaire *perd la vie,*
   Un des deux fut contagieux,
   Et l'autre pour nous glorieux,
   Fut l'amour de la Patrie.

4. *Macarius* Gandam fervat, fervatur ab illa
   Non peritura umquam gloria *Macarii.*

Macaire *garde Gand, & Gand toujours fidelle*
Garde de son nom la mémoire éternelle.

5. Exul pro indigenis moritur, pro civibus hospes :
   Crescere in humanis an magè possit amor ?

   Macaire *éloigné des siens,*
   Vient mourir pour nos Citoïens,
   Peut-il montrer plus d'amour
   Qu'il ne fit en ce jour ?

6. Tu *Macari*, tu morte tua tot millia servas,
   Quæ dabitur capiti digna corona tuo ?

   Il sauve par sa mort des milliers de personnes,
   Combien doivent nos cœurs lui voüer de couronnes.

✳✳

Dum te Ganda olim, pestisque luesque premebant,
Et Populus Civesque tui per strata viarum
Exanimi hìc, illic, infecti peste jacebant,
Necquis erat miseris poterat qui ferre medelam.
Desperatarum tantarum in turbine rerum,
Macarius vir sanctus adest, Gandæque misertus,
Protinùs auxilium cœleste implorat, opemque,
Et prostratus humi, Divos oratque, rogatque,
Pro Populi Gandæque Urbis se posse salute
Peste mori ; moritur peste. Hæc vix victima cæsa est,
Pestis abit, cessatque lues, redivivaque Ganda est.
At non ingratis istud, Vir sancte, tulisti
Civibus auxilium : Populo ducente Triumphum,
Has tibi Ganda hodiè tanto pro munere grates
Reddit, & hasce tibi ventura in sæcula reddet.

✳✳

LA RECONNOISSANCE,

39. **E**Xprimant par un Chronographe le don de quelques Reliques de S. *Macaire*, fait par les Évêques & le Chapitre de S. Bavon à quelques Villages & Villes de la Flandre :

ʀeLIqUIarUM taɴtI ʀatronI nos ɢanDa partICIpes feCIt.

> *Les Reliques de Saint Macaire*
> *Nous ont été d'un grand secours ,*
> *Toûjours elles sont salutaires ,*
> *Quand on y prend recours.*

Elles portent chaque, un signe distinctif :

40.   LAERNE ,   EENAEME ,
            BOULAERE ,   THIELT ,
            AUDENARDE ,   LILLE, &c.

Cette partie se termine par les illustrissimes Princes Souverains, qui ont regné aux Jubilés séculairs.

41. Le grand Porte-Etendart des Comtes de Flandre, avec cette inscription à la Banniere :

> ɪɪI sanCtI MaCarII JUbILa VIDêre.

> *A chaque année jubilaire*
> *On célébra Saint Macaire*
> *Sous les yeux des Princes*
> *Qui gouvernerent nos Provinces.*

42. Deux Gentilshommes de *Theodoric.*

1. Porte le Chronographe de ce tems 1167.
2. Les Armes.

> ɴobILIs ᴀLsatIUs pro ChrIsto beLLa gerenDo ,
> ᴀC saCro aLLato sangUIne nobILIor.

Le grand Theodoric, célébre par son rang,
Et par ses exploits à la guerre,
Mais plus fameux encore par sa vertu austere,
Aporta à Bruges le depôt du Saint Sang.

43. THEODORIC d'Alsace, XV. Comte de Flandre.

44. Deux Gentilshommes de *Marguerite* de Constantinople.

    1. Porte le Chronographe de ce tems 1267.

    2. Les Armes.

        MargarIta hæC est ConstantInopoLItana,
        Et FaUstIs annIs & pIetate graVIs.

        C'est la pieuse Marguerite,
        Ferme, sage & de grand mérite,
        Elle délivra les Flamans
        De l'esclavage de ce tems.

45. MARGUERITE II. de Constantinople, XX. Comtesse de Flandre.

46. Deux Gentilshommes de *Loüis de Maele.*

    1. Porte le Chronographe du tems 1367.

    2. Les Armes.

        hIC rarIs opIbUs traXIt LUDoVICUs onUstas
        In portUs naVes UnDIqUe, beLga, tUos.

        Sous Louis, ce Prince éclairé,
        Le Commerce s'est fort augmenté.

47. LOÜIS II. dit *de Maele*, XXV. Comte de Flandre.

48. Deux Chévaliers de la Toison d'Or.

    1. Avec ce Chronographe du tems 1467.

    2. Avec les Armes.

InCLYtUs aUratI pHILIppUs VeLLerIs aUCtor ;
qUI VIVens, habUIt noMen UbIqUe bonI,

Philippe *éternisa son nom*
En instituant la Toison.

49. PHILIPPE LE BON Instituteur de la Toison d'Or, XXVIII.
Comte de Flandre.

50. Deux Grands d'Espagne.
   1. Avec ce Chronographe du tems 1567.
   2. Avec les Armes.

    HIC ReX pHILIppUs fortIssIMUs eXtItIt ULtor
    JUstItIæ, aC aCer beLLIger UsqUe fUIt.

La Justice dans ce Prince eut un grand Protecteur,
Et la Religion un zelé Defenseur.

51. PHILIPPE II. Roi d'Espagne, XXXIV. Comte de Flandre.

52. Deux Grands d'Espagne.
   1. Avec ce Chronographe du tems 1667.
   2. Avec les Armes.

    ReX CaroLUs, sUb qUo feLIX HIspanIa teLLUs,
    seXta CeLebraVIt JUbILa MaCarIo.

Sous Charles second il y a cent ans,
Le Jubilé de Macaire fut célébré à Gand.

53. CHARLES II. Roi d'Espagne, XXXVII. Comte de Flandre.

54. Deux Gentilshommes portans des Chrono-Distiques pour *Son*
Altesse Roïale leDuc Charles de Lorraine.

1. DUX CaroLUs LotharUs , pRInCeps non CharIor ULLUs,
DeLICIæ popULI, tUtor UbIqUe sUI.

Charles Duc de Lorraine, *& Prince très-clément,*
Est cet homme adoré par le peuple flamand.

2. LangUebat prInCeps, ægrI CUM prInCIpe beLgæ,
   VIX UbI ConVaLUIt, ConVaLUêre qUoqUe.

Sa fanté chancelle, quelles triftes allarmes !
Le Ciel nous l'a rendu, attendri par nos larmes.

55. *Son Alteffe Roïale le Duc* CHARLES DE LORRAINE &c. Gouverneur-Général des Païs-bas Autrichiens pour *Sa Majefté l'Imperatrice Doüariere Reine Apoftolique* &c., XL. Comteffe de Flandre &c., qui par fa piété & fa préfence honore ce Jubilé folemnel.

CaroLUs LotharUs pro Magna TheresIa fLanDrIæ gUbernator.

56. Encore deux Gentilshommes avec ces Vers & Chronographes:

3. præCLarUs prInCeps aDfert noVa gaUDIa GanDæ:
   aD sanCtI Ipse VenIt JUbILa MaCarII.

Ce Prince fage & vertueux,
Que la Religion éclaire,
Nous honore, & comble nos vœux
Au Jubilé de Saint Macaire.

4. Ut VIVat feLIX pYLIIs DUX InCLYtUs annIs,
   CœLICoLIs, beLgæ, Vota preCesqUe Date.

Que nos cœurs vers le Ciel prennent toujours l'effor,
Demandons pour lui les ans du vieux Neftor.

57. MADAME ROÏALE DE LORRAINE , &c. *Abeffe de Remiremont,* &c. honorant également ce Jubilé par fa préfence.

58. Elle eft accompagnée par deux Gentilshommes portans ces Vers:

1. Digna foror *Caroli* fimili dum flagrat amore
   In Sanctum, præfens Jubila læta colit.

La très-vertueufe Princeffe,
Sœur de ce Prince bien-aimé,

Daigne honorer notre allegreffe
A la Fête du Jubilé.

2. Ægroto nuper *Carolo*, dubitare licebat,
   Num foror hæc *Caroli*, num foret ipfa parens.

Pendant la maladie de cette Tête fi chére,
On a toûjours douté, fi elle fut fa Sœur, ou Mére.

3. Hanc vinclum *Carolo* fraterni fanguinis unit;
   Fortior aft unos fanguine fecit amor.

Elle eft unie à Charles par les liens du fang,
Mais ceux de fon amour furent des liens plus grands.

59. Un Détachement de Huffars de la Garde ordinaire de *Son Al-*
teffe Roïale le Duc CHARLES DE LORRAINE.

V I.

L'A I G L E *

60. Tiré à deux chevaux, répréfente la piété éminente de la Maifon d'Autriche, dont l'allufion s'exprime per ce Chronographe :

. . . . oMnes hæC Una VoLanDo

VInCIt.

l'Aigle furpaffe en volant
Les oifeaux les plus vaillans.

Ut reliquas fuperat volucres avis ifta volatu,
   Sic fuperat reliquas, hæc pietate Domus.

Ainfi que l'Aigle eft des oifeaux le Roi,
De même notre Augufte Souveraine,
Par fa piété, par fa foi,
Ne trouvera d'égale Reine.

---

* Il a été donné par la libéralité du Métier des Braffeurs de Biere brune.
Voïez planche B *N.º* 12.

Afcanius

✠✠

Afcanius flammâ, flammâ quòque *Servius* omen
Accepit regni : magni fed quid *Jovis* ales
Denotat ante tuos, Mater pulcherrima, Currus ?
Imperium fine fine tuum, fine limite terras
Portendit, Regina, tuas. Oracula Vatis
Compleat illa Deus, votum & Regina, tuorum.
Tu fuper Æthiopes, fuper & Garamantas, & Indos
Protendas fceptrum, tibi ferviat ultima Thule,
Serviat & Natis ferisque Nepotibus Orbis.

✠✠

61. Deux Gentilshommes de la fuite *d'Albert* de Saxe.

Cæsareæ ᴀUgUstæ DoMUI non CharIor aLter.
Ce Prince bien-aimé
Trouve fes vœux comblés.

62. ALBERT de Saxe Duc de Teffchen.

63. Deux Princes de la fuite de l'Archiduc MAXIMILIEN.

. . . . Chara parentI
ᴘrogenIes VIVat, spes haC fIDIssIMa ʙeLgIs.
Ce Prince dernier né, & tout rempli de graces,
Egalera un jour les Autheurs de fa race.

64. l'Archiduc MAXIMILIEN.

65. Deux Princes de la fuite de l'Archiduc FERDINAND.

. . . . CeLebres, InsIgnIs & ILLe
ꜰernanDos proaVos pIetate æqUabIt & arMIs.
l'Illuftre Ferdinand, dont le nom eft facré,
Sera par ce rejetton furement imité.

66. l'Archiduc FERDINAND.

67. Deux Princes de la fuite de l'Archiduc PIERRE LEOPOLD.

> ʜIC sIt In hetrUrIæ LeopoLDUs aMabILIs orIs.

>> *Tofcans que vous êtes heureux*
>> *d'Avoir des Princes fi vertueux,*
>> *De leur Regne les prémices*
>> *Font deja toutes vos délices.*

68. l'Archiduc PIERRE LEOPOLD Grand Duc de Tofcane, &c.

69. La Garde de la Maifon d'Autriche, ⁎

Elle eft fuivie par fix principales Provinces & Roïaumes fous la Domination de Notre Augufte Souveraine, portant chacun un Chronographe ou Infcription à l'honneur de Sa Majefté, à fçavoir :

70.   **LE BRABANT.**   **LA FLANDRE.**

1. ᴀb aUstrIaCâ DoMo, Innatæ pIetatIs gLorIa ILLUstrI,
2. ʙeatI MaCarII ᴘatronI nostrI JUbILa DeCorantUr.

>> *Par l'Augufte Maifon, qu'anime la pieté,*
>> *Le Jubilé de Macaire fe trouve honoré.*

LE MILANEZ.   **LA HONGRIE.**

3. ʙIs oCto IMperatorIbUs progenIta, pIetate sUperIs DILeCta.

>> *Therefe eft célébre en ce monde*
>> *Par feize Empéreurs fes Aïeux,*
>> *Et par fa piété profonde*
>> *Du Ciel elle attire les yeux.*

---

4. IMperatorIs DIgnIssIMa progenIes, Ipsa genItrIX,
InsIgnIs IMperatrIX.

Therefe eft *Fille d'Empéreur,*
Elle même eft Impératrice,
Et pour comble de bonheur,
Son Fils l'Empéreur fait fes délices.

LA BOHEME.   L'AUTRICHE.

5. ECqUIs ostenDat hUIC æqUaLeM?

Qui peut fur la terre habitable
Trouver une Maifon femblable?

6. PerpetUò fLoresCat pIa DoMUs AUstrIaCa.

Qu'elle vive à jamais cette Augufte Maifon,
Qu'elle croiffe en puiffance & bénédiction.

✳✳

Magna De Cæsare CaroLo seXto gUbernat regIna theresIa.   *Serv. Ord.*
Rom.

Quæ venit à longè?.. quæ Curru hoc vecta fuperbo...
An Venus, an Pallas? non eft: lícèt illa videtur
Pallas, & ore Venus; veftra Auguftiffima, Cives,
Regina, & Comes eft, nulli pietate fecunda:
Principibusque fuo augufto de Sanguine natis
Concomitata Parens fenfim inceditque, venitque
Jubileum celebrare Diem, Feftumque *Macarî,*
Et, pia Ganda, tuis fua vota adjungere votis.
Quàm *jufta & clemens!* * quàm Majeftate decora!
Quàm graciles oculos, quàm plenum numine pectus
Præ fe fert! tanto hinc omnes rapiuntur amore
In Dominam Cives, fatiari ut corda tuendo
Illorum nequeant: tanta hac in Principe, virtus.

* Lemma Auftriac.

VII. CHAR DE TRIOMPHE *

71. **A**Telé de six chevaux tigres, sur le quel sont réprésentées toutes les Princesses & Impératrices actuelles de la Maison d'Autriche ; au sommet duquel le double Aigle avec ces Vers :

Haud aquilæ imbelles umquam genuêre columbas,
   Nec Proavis Natos Austria degeneres.

l'Aigle n'engendre pas la colombe timide,
l'Autriche jamais perdit de sa vertu solide.

Macarius Cœlo populum, tu *Thresia* Terris
   Protegis ; amborum quam benè gaudet ope !

Gand trouve dans le Ciel par Macaire *un Patron,*
Ici bas c'est Therese *&* l'Auguste Maison.

Cette Partie finit par ces Chronographes :
   1. IsthæC DIVI MaCarII JUbILa
   2. ᴇX CorDe gratIssIMo CeLebrantUr.

Peuple de la Ville, célébrez en ce jour
La Fête d'un grand Saint, qui ne fut rien qu'amour ;
Ses prédications pleines d'onction & flammes,
n'Eurent jamais d'objet que de gagner des ames ;
Sa mort fit plus encor ; auprés du Toutpuissant ,
Il implora pour vous ; il devint votre Agent.
Imitez donc, Gantois, *le zéle de vos Péres,*
A Macaire *adressez des ferventes prières,*
Courrez à son tombeau avec des cœurs brulans,
Pour y solemniser la Fête de sept cens ans.

HæC UrbIs JUbILa DeI & MaCarII honorI.
A la plus grande gloire de Dieu
Et de Macaire *Patron de ce lieu.*
Fin de la prémiere partie.

14.
E.

15.
J. C. Wauters. fils fecit. aqua forti.

SECONDE PARTIE

Servant d'Embélissement à la Réjouissance Jubilaire , dans la quelle feront répréfentés les quatre Elemens , &c.

1. CEtte Partie s'ouvre par une Troupe de Chaffeurs & d'Amazones, donnant du Cor & d'autres Inftrumens de Chaffe ★

VII. ANIMAL.

LE CERF ✱✱

2. TIré à deux chevaux, monté par Diane, Déeffe de la Chaffe.

VIII. CHAR ✱✱✱

3. ATelé de quatre chevaux, répréfente l'Element de la Terre, avec toutes fortes d'arbres, fruits, & plantes ; au fommet la Déeffe Céres, acompagnée de Flore & Pomone, & d'autres Dieux & Déeffes qui préfident à cet Element, chacun portant quelque attribut particulier de la Terre, dont la defcription fe trouve ici en abrégé par les vers fuivans :

✖✖

Terra paris nitidas fruges , arbuftaque læta ,
Et genus humanum, paris omnia fæcla ferarum
Pabula cùm præbes, quibus omnes corpora pafcant,
Et dulcem ducant vitam , prolemque propagent.
Magna quidem virtus tua, tellus, fingula gignens :
Majus at imperium , majorque potentia mortis :

---

* Cette Troupe eft montée par la libéralité du franc Métier des Bouchers.
✱✱ Il a été donné par la libéralité du même Métier.
Voïez planche E N.º 14.
✱✱✱ Idem.
Voïez planche E N.º 15.

Te necat, & natos : & quidquid gignis in arvis,
Omnia fub leges tandem mors atra vocabit.
Hanc fuperare tamen docuit *Macarius*, illic
Dum fati imperium Præful poft fata refrænat.

VIII.

L'AUTRUCHE *

4. Tirée à deux chevaux.

5. Une Troupe de Dieux aëriens, chacun avec un Embléme particulier, rélatif à l'Element de *l'Air* **

IX. CHAR ***

6. **A**Telé de quatre chevaux, répréfente l'Air ; au fommet Titan ; Aurore environnée de lumieres, Junon avec le Paôn, & les autres Déeffes aëriennes &c. ; au fond Eöle avec fes Eclufes, & les quatre Vents de Sud, d'Oueft, de Nord & d'Eft.

IX.

LE DRAGON ****

7. **T**Iré à deux chevaux ; il fait fouvent la perte de fes petits par le combat de l'Aigle.

S. *Macaire* cet Aigle célefte, a ravi au Dragon infernal fes

---

* Elle a été donnée par la libéralité des Métiers des Charrons, Vaniers, & de la Confrérie des Potiers.
Voïez planche F *N.*º 16.
** Cette Troupe eft montée aux fraix des Métiers des Meuniers, & Huilliers.
*** Il a été donné par la libéralité des mêmes Métiers.
Voïez planche F *N.*₀ 17.
**** Il a été donné par la libéralité des Métiers des Fersblantiers, Epingliers, & Eguillettiers.
Voïez planche F *N.* 18.

19
16
F
17
18
I. le Mince fil. fecit aqua forti.

jeunes, & les a changés en doux agneaux & enfans de Dieu, ces Vers en donnent le precis :

✠✠
Pignora tollit

Cùm petit invifum magni Jovis armiger hoftem,
Illius nidum devaftans, *pignora tollit.*
Hic fruftra elapfam, & volitantem hinc inde volucrem
Infequitur, longos finuum conftractus in orbes,
Obliquoque levans furfum fua lumina vifu.
Inftar avis Cœli Divus, cùm pervolat orbem,
Pignora confpiciens, quæ Draco gignit averni,
Deftruit erroris nidos, *& pignora tollit* ,
Inque agnos mutat, Chrifti fic pignora reddit.

✠✠

8. Une Troupe de Cyclopes, efpéce de Géans ; on a feint qu'ils n'ont qu'un œil au front. *

X. CHAR. **

9. A Telé de quatre chevaux, répréfente le feu ; Vulcain au haut d'un Rocher ; au deffous diverfes armures ; & au fond la forge, les Cyclopes forgeans fur une enclume en accord de Mufique : d'ailleurs ce Char eft très-artiftement & fomptueufement orné avec tous les attributs rélatifs à cet Element.

X.

LE CHEVAL MARIN ***

10. T Iré à deux chevaux, & monté par la Déeffe Tethys ; elle admire le flux fingulier de la Lys & de l'Efcaut qui

---

* Cette Troupe eft montée par la libéralité des Métiers des Marechaux Ferrants, Séruriers, Armuriers &c.
** Il a été donné par la libéralité des mêmes Métiers. *Voïez planche F N.º* 19.
*** Il a été donné par la générofité du Métier des Chirurgiens Barbiers. *Voïez planche G N.º* 20.

traverfent cette Ville, & dont le confluent fe fait vers l'endroit
où S. *Macaire* s'eft retiré, & où il ne put demeurer caché,
attendu que Dieu l'avoit deftiné à fecourir cette Ville.

✹✹

Jactare fluctus define ponticos,
Divina Tethys : flumina Virginis
Mirare Virgines, fimulque
Conjugii thalamo potiri.
In hocce cafto littore conjugum
Latebat olim gloria præfulum :
Latêre dudum non licebat,
Qui medicamina ferret urbi.

LE VAISSEAU A TROIS MATS. ✶

11. CE fuperbe Vaiffeau, artiftement travaillé & conftruit de neuf, eft magnifiquement orné, & garni en plein de tous les cordages & agrèts néceffaires aux Vaiffeaux pour des voïages de long cours. Il eft équipé par une nombreufe Troupe de Matelots leftement & proprement vêtus, faifant différentes manœuvres attachées à la conduite des Vaiffeaux de Mer.

QUATRE CHALOUPES. ✶

12. Ces Chaloupes accompagnent le grand Navire dont on vient de faire mention ; ils font également montés par des petits Matelots, qui les dirigent.

---

* Il a été donné, ainfi que la Bande des Matelots avec les quatre Chaloupes par la libéralité du franc Métier des Bateliers.
Voïez planche G N.₀ 21.

XI. CHAR

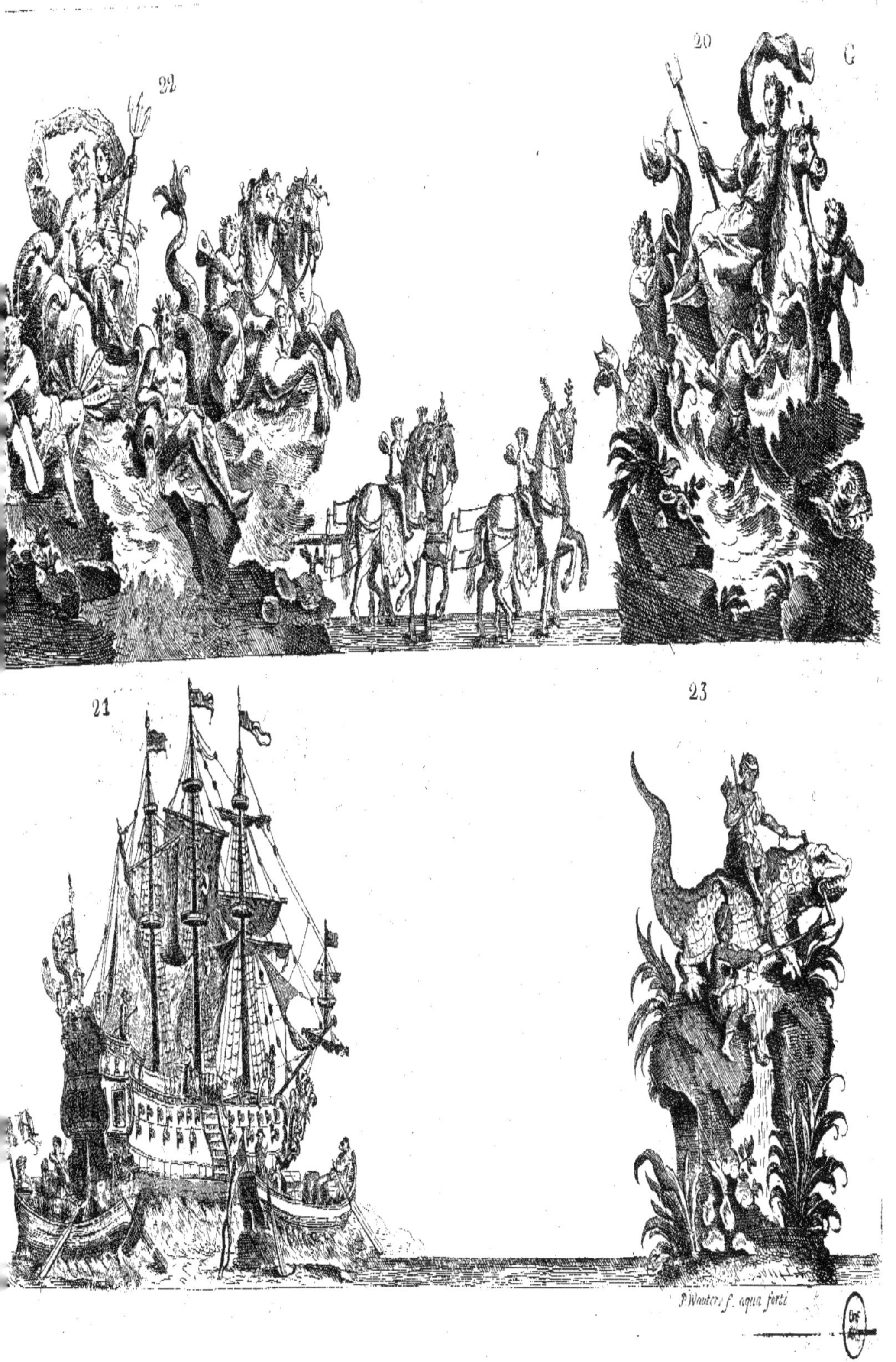

22
20
G
21
23
P. Wauters f. aqua forti

XI. CHAR *

13. Atelé de quatre chevaux, répréfente l'Eau; au bas les chevaux marins de Neptune, qui font montés par des Conducteurs marins; Neptune y eft placé au faîte dans une conque; fous lui les Tritons & monftres marins; au fond le fleuve de l'Efcaut avec trois Naïades, répréfentans les quatre Rivieres qui arrofent cette Ville; à fçavoir l'Efcaut, la Lys, la Live & la Cale; tout le Char eft exaĉtement orné de divers atributs de cet Element, &c.

XI.

LE CROCODILE **

14. Tiré à deux chevaux; ce fingulier Animal vivant en hyver fans alimens, cherche au printems aux rives du Nil à faire butin par fes lamentations; mais les Africains déterrent bientôt fa route par l'odeur agréable qu'il laiffe après foi.

S. *Macaire* aïant parcouru tous les chemins de la Terre, & afpirant au falut des ames, a repandu par tout fa bonne odeur, & enfeigné aux gens le chemin du Ciel.

La penfée eft rendue par ces Vers :

❉❉

Calles perfundit odore.
Tempore brumali latitat Crocodillus in antris,
   Nec, nifi Vere novo, vefcitur ille cibis.
Tum fylvas, atque arva petens, & flumina Nili,
   Allicit hic lacrymis obvia quæque fuis.

---

* Il a été donné par la générofité du Métier des francs Poiffonniers. *Voïez planche G N.º 22.*

** Cet Animal eft donné par la libéralité de la généralité des Blanchiffeurs. *Voïez planche G N.º 23.*

At, quoniam miro *Calles perfundit odore*,
    Vitat odoriferas Afer inire vias.
Efuriens animæ Divus, fratrumque falutis,
    Per mare, per terras invia quæque petit.
Allicit & lacrymis, & verbis pectora Præful,
    Ne pereant orco pignora chara Dei.
Denique virtutum *Calles perfundit odore*,
    Sicque docet populum Divus ad aftra vias.

✹✹

15. Une Troupe de Chevaliers Errans précedans le beau Char de la Fortune, au quel ils ont raport. ✶

XII. CHAR ✶✶

16. **T**Iré à fix chevaux, répréfente la Fortune.

l'Aveugle Fortune avec fes atributs d'inconftance, eft affife fur le Globe terreftre au milieu de fon Temple, aïant fur la tête une banderole, dont le bout eft porté par un amour, qui de l'autre main tient une torche allumée; elle a à fes côtés deux enfans, dont celui qui repofe fur fon giron, retire de fa Corne d'Abondance des couronnes, fceptres, lauriers &c., l'autre en prend de l'or, de l'argent & des bijoux; derriere la Fortune fe trouve un quatrieme enfant, qui par fes mauvais vêtemens répréfente l'Indigence & la Mifere fous la figure *d'Hirus*, aïant les mains & les pieds enchainés: dans les fix ouvertures du Temple, on voit 1. *Alexandre le Grand* dans toute fa fplendeur &c. à portée deux génies qui lui préfentent des lauriers & autres marques de triomphe & de faveurs, dont la Déeffe l'a comblé. 2. *Crefus* avec fes Tréfors, acompagné

25
24 H
26
27
F. L: Wauters, fili. fecit aqua forti.

de deux enfans chargés de diamans & pierres précieufes, de-
fignans les faveurs de la Déeffe dans les richeffes ; 3. *Midas*
avec des morceaux d'or brut, par allufion à fon défir infatia-
ble pour les richeffes ; il eft environné de deux enfans, dont
l'un indique le cours du Gange, & l'autre répréfente un Indien
avec du corail, des perles & autres chofes précieufes, &c.;
4. un Laboureur s'apuïant fur la charuë avec deux enfans
néceffiteux, dont l'un tient une bêche, & l'autre une faucile,
dénotans l'infortune fur la terre ; 5. *Darie* aux fers s'apuïant
fur différentes armures brifées, avec deux Efclaves enchainés, par allufion à la fortune ennemie dans les combats ; 6. un
maître de Navire pauvrement vêtu, fe repofant fur un mat
brifé avec les voiles dechirées, avec deux pauvres Matelots,
l'un tenant un Gouvernail rompu, & l'autre une ancre brifée,
faifant allufion à la mauvaife fortune fur Mer.

Le génie de Gand invite la fortune heureufe à fe joindre
aux cris d'allégreffe, & à combler conftamment cette Ville de
fes faveurs, à quoi ces Vers font allufion :

✵✵

O Diva gratum, quæ Regis *Anthium* !
Præfens vel imo tollere de gradu
Mortale Corpus, vel fuperbos
Vertere funeribus triumphos.
Dum cuncta Gandæ numina jubilant,
Fortuna jungas te quoque gaudiis,
Urbemque vifita favore,
Muneribus, ftabilique vultu.

Fin de la feconde Partie.

TROISIEME PARTIE.

Servant également d'Embéliſſement à la Réjouiſſance Jubilaire, & dans la quelle feront répréſentées les quatre Saiſons, &c.

1. L'**O**Uverture s'en fait par un Timbalier & Trompettes.

2. Les douze Mois de l'Année perſonnifiés, chacun avec le ſigne ordinaire qui les caractériſe, rangés ſelon l'ordre des ſaiſons. *

LE PRINTEMS.   L'ÉTÉ.   L'AUTOMNE.   L'HIVER.
   Mars.   Juin.   Septembre.   Décembre.
   Avril.   Juillet.   Octobre.   Janvier.
   Mai.   Août.   Novembre.   Février.

XII. ANIMAL.
L'OURS **

3. Tiré à deux chevaux.

XIII. CHAR ***

4. **A**Telé de quatre chevaux, répréſente le Printems par un Jardin charmant, orné de plantes & de fleurs; au ſommet *Samſon* aïant à ſes pieds un Lion étranglé, de la gueule du quel il ſort du miel & un eſſain d'abeilles, &c.

Plus bas Flore, & deux Nymphes ornées de Guirlandes; & dans le fond quatre enfans s'occupans à tirer du miel des ruches, &c.

S. *Macaire* élévé & cultivé comme une fleur admirable en

---

* La répréſentation s'en fait aux frais du Magiſtrat.
** Il a été donné par la libéralité des Métiers des Tiſſerands &c.
Voïez planche H N.º 24.
*** Il a été donné par la libéralité du Métier des Ciergiers.
Voïez planche H N.º 26.

Armenie, furpaffe en beauté toutes les fleurs & plantes de la terre, que le tems n'a pu flétrir, mais qui croiffant toûjours en vertu & en luftre, paroît à Gand dans ce Printems après fept fiecles.

✖✖

Armeniæ florem, quo mundus gaudet & æther,
Afpice vernantem Gandæ poft fæcula feptem ;
Nec medicis montes herbis, nec floribus hortos
Talibus exornas: nam mortem pellere morte,
Et morbo morbos novit, nec deficit annis ;
Nec timet interitum : dum crefcunt fæcula, crefcit ;
Virtutesque annis auget, virtutibus annos.
Tempus, edax rerum, miretur tempore verno,
Sæcula poft feptem dare Gandæ Jubila florem.

✖✖

5. Le Porte-Etendart de la Confrérie de S. Antoine.

6. Une piece de Canon tirée par fix Efclaves, conduits par le Dieu Mars.

7. Six garçons de la même Confrérie à l'antique, dont les deux prémiers avec les Armes, les quatre autres avec les Prix d'argent donnés par le Magiftrat de cette Ville, à caufe de la préfente Fête extraordinaire. ⁎

XIII.
L'IBEX ⁑

8. Tiré à deux chevaux.

⁎ Cette Troupe eft montée par la libéralité de la généralité de la Confrérie de S. Antoine.

⁑ Cet Animal eft donné par la libéralité du Métier des Tifferands en laine & de la Confrérie dite du Mont d'argent.

Voiez planche H N.º 27.

XIV. CHAR.*

9. **A**Telé de quatre chevaux, répréfente l'Eté; au faîte il y a un arbre chargé de fruits d'Afrique, fous l'arbre la fertile Déeffe de la terre, Céres &c. dans le fond des feuilles de Tabac, cueilliës & préparées par des Négres à l'ufage du Commerce, &c.

Les Nymphes de la terre préviennent l'été en ornant le Berger *Macaire* de leurs Guirlandes, & en lui préfentant leurs fruits; il laiffe à tous les autres Bergers un exemple frapant de l'amour divin, en s'immolant pour la confervation des Brébis étrangeres.

❦❦

Tempora præcurrit formofis frugibus æftas,
Fulget & in campo fpicis redimita capillos
Flava Ceres: Zephyri nectit pulcherrima conjux
Serta rofis, turgent Pomonæ cornua fructu.
Muneribus fic læta cohors cupit illa Dearum
Jubileum celebrare diem: nam fæcula feptem
Effluxêre modò, queîs mundo fplendet, & aftris
Armeniæ Paftor, Gandam quem mifit Olympus.
Ductus amore gregis peregrinæ Paftor, in urbe
Pafcua dum monftrat Cœli, furit horrida peftis:
Ne pereat, cupit ipfe mori, fit victima Paftor.
Rarius exemplum mundus non cernit amoris:
Pro grege namque fuo vix Paftor fata fubibit;
Ille gregem pafcit peregrinum, & funere falvat.

❦❦

10. Le Porte-Etendart de la Confrérie de S. Sébaftien.

---

* Il a été donné par la générofité du Métier de Fabriqueurs & Marchands de Tabac. *Voiez planche I N.º* 28.

28
29 I
30
31
P. Wauters f. aqua forti

11. Six garçons en habits de Cérémonie de la même Confrérie, dont les deux prémiers portent les marques des exercices avec les Armes, les quatre autres, les prix d'argent donnés par le Magistrat. *

XIV.
LE ZEBRA INDIEN **

12. Tiré à deux chevaux.

XV. CHAR ***

13. A Telé de quatre chevaux, réprésente la Vendange sur une Coline de Vignes avec ses Vignerons & les divers atributs de la Vendange, &c.

La Vendange avec toutes ses propriétés & manœuvres, est très-naturellement réprésentée ; S. *Macaire*, qui a cultivé la Vigne du Seigneur, a donné des fruits pendant autant de siecles, qu'il triomphe dans le Ciel.

※※

Jam nova vix largo pubescit vinea fœtu,
Vixque legunt pueri violas hilaresque puellæ;
Et tamen ecce modò decerpunt vitibus uvas,
Et portant calathis celerique illidere planta,
Concava saxa super properant, vindemia fervet
Collibus in summis crebro pede rumpitur uva,
Udaque purpureo sparguntur pectora musto.
Cur miror Superis numquid sunt tempora messis?
Ver, Ætas, Autumnus, Hiems? vindemia Christi

---

* Cette Troupe est montée par la libéralité de la généralité de la même Confrérie.
** Il a été donné par la générosité du Métier des Distilateurs d'eau de vie & des Marchands de Bieres étrangeres en gros.
Voïez planche I N.º 29.
*** Il a été donné par la libéralité du Métier des Brouetteurs de Vin.
Voïez planche I N.º 30.

Tempora non fpeƈtat, fed fruƈtus: fruƈtibus autem
Non caret eleƈtis dum Chrifti vinea crefcit.
Præfulis exemplo res fit notiffima ; Gandam
Divus ab Armenia cultor defcenderat: illic
Excoluit vitem (vitem plantavit *Amandus* :)
Jubilat hic Cœlo poft feptem fæcula cultor,
Et Domino totidem fæclis fert vinea fruƈtus.

✖✖

14. Une Troupe de Vendangeurs , aïant raport au Char fuivant. ✶

XVI. CHAR*

15. **A** Telé de quatre chevaux, répréfente la Fête de Bachus; ce Dieu païen s'apuie fous une vigne fur des Tigres : le Char eft rempli de quelques Satires , avec des cruches , coupes , &c.

16. Le Porte-Etendard de la Confrérie de S. Michel.

17. Six garçons en habits de Cérémonie de la même Confrérie , dont les deux prémiers portent les marques des exercices & les armes , les quatre autres les Prix d'argent donnés par le Magiftrat. ✶✶

LE DROMADAIRE ✶✶✶

18. Tiré à deux chevaux.

---

* Cette Troupe ainfi que le Char ont été donnés par la libéralité des Métiers des Tonneliers , Marchands de Vin &c.
Voïez planche I N.o 31.

** Cette Troupe eft dirigée par la libéralité de la généralité de la même Confrérie.
*** Cet Animal a été donné par la libéralité des Métiers des Fariniers & Faifeurs de Pain d'épice.
Voïez planche K N.o 32.

XVII. CHAR

XVII. CHAR.⋆

19. A Telé de quatre chevaux, répréfente l'Hyver : au fommet un arbre chargé de neige, deffous lequel fe trouve
une vieille femme, dont les vêtemens font remplis de flo-
cons de neige, fe foutenant la tête de la main droite, & s'ap-
puïant de la gauche fur un Sanglier : plus bas Borée avec des
ailes, & une écharpe marquée de trois fignes du Zodiaque : à
côté le folftice d'Hiver avec un globe terreftre, dont les trois
quarts font obfcurcis : au fond le mois de Décembre perfonnifié,
tenant d'une main un bouquetin : le mois de Janvier auffi perfonnifié, un verfeau à la main, qui eft fon fymbole, & le mois
de Février tenant deux poiffons.

l'Hiver nous donne encore une image vivante, quoique
trifte, du tems que cette Ville fut obfcurcie par les ténébres de
l'idolatrie, jufques au moment que S. *Amand* les ôta, & alluma
dans les cœurs des habitans l'amour du vrai Dieu, lequel étant
de nouveau affoibli après fa mort, & celle de S. *Livin*, Saint
Macaire comme un fecond Titan, l'a fait revivre par les lumieres de la Foi & le feu de la Charité.

⁂

Candidus auratis aperit modò cornibus annum
Taurus, & in noftra rigidis aquilonibus urbe
Horret hyems : quid fæva cupit turbare triumphum ?
Quidve novo tentat fubvertere tempora curfu ?
Fallimur, haud mutat curfum, fed tempus adumbrat
Nefcia quo fuperûm fuit Urbs hæc triftis imago
Brumæ, dum Cœli gens lumine capta jacebat
In tenebris mortis, dum fictile numen adorat,

⋆ Il a été donné par la libéralité des Marchands en bois de Chauffage.
Voïez planche K N.º 33.

F

Sacrilegisque focis gaudebat frigida, Cœlo
Hinc Deus ex alto gentis miseratus, & urbis,
Immisit Gandæ flammas, quas præsul *Amandus*
Accendit, subitò flagrant in pectore gentis:
Præsulis ast obitu languescunt pectora sensim.
Et sensim brumæ gens rursum frigore torpet;
Phœbus at alter adest, descendens solis ab ortu
Macarius, nova lux Gandæ, nova flamma coruscat;
Prisca fides, pietas redit, & reverentia Divûm;
Numinis & cultus, superis & Ganda refloret;
Lumine sic Titan Præsul, qui funere Phœnix.

✳✳

20. Le Porte-Etendart de la Confrérie de S. George.

21. SON ALTESSE ROIALE le Duc CHARLES DE LOR-
RAINE &c. en qualité de Roi de la même Confrérie.

22. Six garçons en habit de cérémonie de ladite Confrérie, dont les
deux prémiers portent les Chronographes suivans à l'honneur
de SON ALTESSE ROIALE:

VIVat CaroLUs LotharIngIæ DUX, reX DIVI
GeorgII GanDæ eXoptatUs.
Que le Ciel très long-tems laisse vivre sans peine
Notre illustre Roi le Duc Charles de Lorraine.

prInCeps CaroLe aUges gaUDIUM.
Par votre présence, Prince bien-aimé,
Notre plaisir est beaucoup augmenté.

Les deux autres portent les marques des exercices, avec les Armes,
& les deux derniers les Prix d'argent donnés par le Magistrat. *

N.B. *Que les quatre Confréries nommées dans cette Partie, ont invité*
toutes celles de la Flandre pour prendre part à leurs Exercices respectifs,
à des jours marqués pendant la prémiere quinzaine du mois de Juin.

---

* Cette Troupe est montée par la libéralité de la généralité de la Confrérie de S. *George*.

X V I.

LE CASTOR *

23. Tiré à deux chevaux.

XVIII. CHAR **

24. **A**Telé de six chevaux, répréfente les fept Arts libéraux;
dans le fond la Grammaire avec quelques Difciples; plus
haut la Logique & la Rhétorique avec leurs Emblémes, & encore plus élévé la Mufique & l'Arithmetique, avec leurs Inftrumens refpectifs; audeffus la Géographie & plufieurs enfans
avec les Inftrumens y rélatifs; & au fommet l'Aftrologie, s'inclinant fur une fphére & environnée d'étoiles.

Les fept Arts libéraux, détaillés par leurs atributs & objets divers, embéliffants la Fête Jubilaire de S. *Macaire*, expriment les fept Vertus éminentes de ce Saint, qui furpaffent
les fept divers objets de ces Arts.

※※

Ut feptem decorant Artes feptena *Macarî*
Jubila, fic Divus decorat virtutibus Artes.
Grammaticæ primas fervans ex ordine leges,
Verba docet non vana loqui, fed verba falutis;
Utque regit mentem in verum Dialectica, Præful
Pectora fic regit in Cœlum, quod fallere nefcit.
Rhetoricæ fuperans artem, cœleftia pandit,
Et variis fulget meritis, ficut illa figuris;

---

* Cet Animal eft donné par la libéralité du Métier des Chapeliers.
Voiez planche K N.o 34.
** Il a été donné par la générofité des Métiers des Maçons & Couvreurs.
Voiez planche K N.o 35.

Ac velut pectus modulamine Musica mulcet,
Sic recreat mentem Præsul cœlestibus hymnis.
Arsque docens numeros disponere, dividat, addat,
Multiplicet, minuat, sed & hæc quoque Præsulis ars est:
Dividit en miseris, quidquid fortuna dedisti,
Multiplicat Christi gentem, minuit sibi laudes
Hic profugus famæ; meritum virtutibus auget.
Ponderet & metas terræ Geometria figat:
Ponderat hic Cœlum : Deus illi meta laborum.
Denique quæ Cœli speculatur sidera, cedat
Astrologia locum Divo, quem sidera cingunt.

Fin de la troisiéme Partie.

36.
L. 
37. 
J. L. Wauters, fils, fecit, aqua forti.

QUATRIEME PARTIE

Répréfentant les quatre Parties du Monde, &c.

1. ELle s'ouvre par une bande de Muficiens.

2. Le prémier Port-Etendart du Collége des Révérends Péres Auguftins.

XVII. ANIMAL.

LE CIGNE *

3. TIré à deux chevaux répréfente par le Chronographe & Vers fuivans, la joïe que témoigne S. *Macaire* à fa mort par la délivrance de la Ville de Gand du fleau de la pefte.

ᴇXpIrans taM DULCe CanIt. . . . . . .

Le Cigne en expirant
Chante pour la prémiere fois,
Jamais Macaire ne fut plus content
Qu'en mourant pour les Gantois.

✱✱

in funere lætus.

Tempus ubi venit, cuncti quod luctibus implent,
 Lætitiæ hæc fignum promere fertur avis:
Et quæ non cecinit toto quo vixerat ævo,
 Sola canit moriens, dum filet omnis avis.
Pefte ruit populus, viduantur civibus Urbes,
 Nec parcit Divo vindicis ira Dei.
Me moriente (canit Vates in funere lætus)
 Salvus erit populus: Gandaque falva fuit.

---

* Il a été donné par la libéralité du Métier des Braffeurs de Bierre blanche.

Voïex planche L N.º 36.

4. Le Dieu des Chants Orphé, avec ce Chronographe :

JUbILate MaCarIo In tUbIs, sonIs & organIs DeCantantes.

Louez Macaire au son de la trompette
Et d'autres instrumens pour célébrer sa Fête.

Ce Dieu est suivi d'Amphion & de sept autres Dieux.

XIX. CHAR *

5. **A**Telé de quatre chevaux, répréfente le Mont Parnaffe ; au fommet Pégafe faifant fortir d'un coup de pied une fontaine du Rocher ; au bas Apollon avec les neuf Mufes ; enfuite ce Chronographe :

HUC pInDI MUsæ ConVoLate.

Mufes vous devez ici vous rendre,
Par des chants redoublés
Faites vous entendre
En ce grand jour de Jubilé.

6. Second Etendart du même Collége.

7. La Déeffe Pallas, portant les Armes du même Collége avec le Chronographe & Vers fuivans :

EX AUgUstInIano CoLLegIo seX sophIæ prIMI
GanDaVensIbUs sUrreXerUnt.

Le College des Auguftins
Eut jadis fix prémiers de Louvain.

8. La Renommée invitant les Païs-bas à cette Fête folemnelle par le Chronographe fuivant :

---

* Il a été donné par la libéralité des Aubergiftes & Cabaretiers.
Voïez planche L N.º 37.

ʙUCCInate In ɴeoMenIâ tUba In DIe soLennItatIs. *Pſ.* 80.

    Sonnez de la Trompette

    En ce grand jour de Fête.

9. Les dix-ſept Provinces aux quelles on aplique le Chrono-graphe ſuivant :

    CUnCtIs profUIt aD saLUteM.

    Toutes ces Provinces éprouverent du ſecours,

    Lorſqu'à Saint Macaire elles prirent recours.

XVIII.
LE RHINOCEROS.*

10. Tiré à deux chevaux ; les Vers & Chronographe ſuivans en marquent les propriétés :

    ILLI non ULLUs fIt forMIDabILIs hostIs.

    Aucune crainte ne l'arrête,

    l'Ennemi reçoit ſa loi ;

    Macaire offre auſſi ſa tête

    Pour en augmenter la foi.

11. Le Conducteur des Africains avec ce Chronographe :

    ᴀfrICa se hIC nostrIs aDJUngIt Læta ᴛrIUMphIs.

    l'Afrique aux erreurs en proïe

    Augmente cette Pompe avec joïe ;

    Elle eut autres fois de meilleurs ſentimens,

    Qui reviendront peut-être avec le tems.

12. Le Porte-Étendart des Africains.

13. La Garde Africaine au nombre de vingt.

14. L'Empéreur de Maroc.

15. Six Pages de ce Monarque.

16. Quatre chevaux de main.

---

* Il a été donné par la libéralité des Filtiers.
Voïez planche M N.° 38.

17. Le Gouverneur de la Province & de la Ville Bamba.

18. Le Gouverneur de la Province & de la Ville Sunde.

19. Le Roi de Congo.

20. Le Viceroi de Barnage.

21. Le Viceroi de Dangali.

22. Le Roi de Mauritanie.

XX. CHAR*

23. ATelé de quatre chevaux, répréſente l'Afrique, ſe repoſant ſur le Lion : ce Char de Triomphe eſt orné par les peuples, animaux, plantes & fruits de cette Partie du monde.

Numinis illa priùs cultrix, nunc barbara tellus,
Vult rurſum Chriſti ſubdere colla jugo,
Munera cumque ſciat placare hominesque Deosque,
Numina muneribus flectere læſa cupit?
Hinc rogat ut redeant cultus, reverentia Divûm,
Priſca Fides, Pietas, Relligionis amor.

XIX. LE TIGRE**

24. TIré à deux chevaux, avec ce Chronographe:

DULCI paCantUr MUnere tIgres.

Le Tigre inhumain devient ſouvent docile,
Et aux douces careſſes il ſe rend très-ſervile.

25. Le Conducteur des Américains, portant ce Chronographe:

aMerICana Cohors ganDæ sUa Vota LItatUr.

Le peuple de l'Amerique
Augmente la Pompe publique.

---

* Il a été donné par la libéralité du Métier des Epiciers. *Voïez planche M N.° 39.*

** Il a été donné par la libéralité du Métier des Chauſſetiers. *Voïez planche M N.° 40.*

26. Le

39
38
M
41
40
A.L. Wauters fil. fecit jaqua forti.

26. Le Port-Etendart des Américains.

27. La Garde Américaine au nombre de vingt.

28. L'Empéreur du Mexique.

29. Six Pages de l'Empéreur.

30. Quatre chevaux de main.

Deux Princes accompagnant le Roi d'Eſpagne,

31. Le Prince des Aſturies,

32. Le Viceroi de Galice.

33. Le Roi d'Eſpagne, en qualité de Monarque d'une Partie de l'Amérique.

Deux Princes acompagnant le Roi d'Angleterre.

34. Le Duc de Glocefter,

35. Le Duc de Cumberland.

36. Le Roi d'Angleterre, en qualité de Monarque d'une autre Partie de l'Amérique.

XXI. CHAR.*

37. TIré à quatre chevaux, répréſente l'Amérique, s'apuïant ſur le Crocodile: ce Char eſt orné par des Américains, par des animaux & des fruits rares &c.

✻✻

Latebat orbem magna Mundi pars diu.
Putatur error, navis errans ubi novam
Vidiſſe terram ſe refert, aurum brevì
Convincit Orbem; & Mundus, ubi retur Mare,
Aurum latêre cernit & Mundum novum.
Aſt vacuus hoſpes ne foret Mundus novus,

---

* Il a été donné par la généroſité du Métier des Boulangers.
Voïez planche M N.° 41.

G

Effudit orbi plura quàm orbis noverat:
Et plura recipit, Cœli ubi novit Deum:
Sicque nova Tellus discit authorem suum;
Hinc juncta nostris gaudiis, Divum colit,
Quo gaudet æther, quo Deus Gandam beat:
Oratque Cœli Numen hoc sidere novo
A Peste salvet Orbis hanc partem novam.

XX.

L'ÉLÉPHANT *

38. TIré à deux chevaux; cet Animal reconnoit son bienfaiteur, même par sa mort; allusion à la gratitude de S. *Macaire* en se dévouant pour la Ville de Gand:

non seCUs aC eLephas se gratUM fUnere ganDæ
præstItIt. . . . .

Par sa reconnoissance l'Eléphant est connu;
A la mort de Macaire *Gand sentit sa vertu.*

✱✱

se gratum funere præbens.

Est apud extremos Elephas Garamantas & Indos
Rectori placido gratus ubique suo.
Ut vixit, pariter *se gratum funere præbens*,
Ne pereat Rector, mons animatus obit.
Armeniæ Præsul, Gandæ gratissimus hospes,
Dum colit hîc Divos, cuncta perire videt.
Non secus ac Elephas, *se gratum funere præbens*,
Ut salvet Gandam, fata subire cupit.

✱✱

39. Le Conducteur des Asiatiques avec ce Chronographe:

* Il a été donné par la libéralité du Métier des Cordonniers.
Voïez planche N N.o 42.

43.
42. II.
45.
44.
J. L. Wachsmut fil. fecit. aqua forti

Læta sUa en teLLUs asIatICa MUnera Defert.

l'Afie, cette partie de la Terre
Qui vit naître Saint Macaire ,
Eft ici répréfentée
Pour en rapeller l'idée.

40. Le Porte-Etendart de cette Partie du Monde.

41. La Garde Afiatique au nombre de vingt.

42. l'Empéreur de la Chine.

43. Son Porte-Parafol.

44. Six Pages.

45. Quatre chevaux de main.

Les Perfonnages fuivans font à la fuite de cet Empéreur.

46. Le Gouverneur de Junnan.

47. Le Gouverneur de Pekin.

48. Le Vice-Roi de la Province de Nanking.

49. Le Gouverneur de Queilin.

50. Le Gouverneur de Fochen.

51. Le Vice-Roi de Foquien.

XXII. CHAR.*

52.   A Telé de quatre chevaux, répréfente l'Afie, s'apuïant fur un Chameau ; ce beau Char eft rempli de différens atributs en hommes, animaux, fruits & productions de tout genre de cette grande Partie du Monde.

---

* Il a été donné par la libéralité du Métier des Tailleurs.
Voïez planche N N.º 43.

XXI. ANIMAL.

LE SANGLIER.*

53. **T**Iré à deux chevaux: les Vers & Chronographe fuivans expriment une des principales propriétés de cet Animal:

ᴀngUIs MItesCIt non LæDens sangUIue tInCtos

fortIs aprI . . . .

Ainſi que du Sanglier le ſang donne guériſon
A ceux qui par malheur avoient pris du poiſon,
De même de Macaire le ſecours puiſſant
Eſt contre la peſte un aſſuré garant.

54. Le Conducteur des Romains portant ce Chronographe pour Sa Majeſté l'Empéreur:

ᴀUstrIaCorUM DeCUs & gLorIa.

l'Empéreur de l'auguſte Maiſon
Fait la gloire & l'ornement,
Jamais on ne vit Prince ſi bon
Dès la fleur de ſon Printems.

55. Le Porte-Etendart de l'Europe.

56. La Garde Romaine au nombre de vingt.

57. l'Empéreur des Romains JOSEPH II. Chef de l'Europe.

c'Eſt à ce grand Prince que l'on attribue les Chronographe & Vers fuivans:

Servato
Ord. Rom. . . . . Magno De Cæsare Cæsar

ʙeLgas eX VotIs regIs . . . .

�֍�֍

Tolle caput modò, Ganda, tuum venit ipfe *Jofephus*,
Qui cum Matre fua Regna Statusque regit.

---

* Il a été donné par la libéralité des Métiers des Corroyeurs, Gantiers, Teinturiers, &c. *Voiez planche N N.°* 44.

Tolle, inquam, caput, auguftos hos afpice vultus,
  Cæfar adeft, magnæ Matris imago fuæ.
Illi eadem pietas, eadem virtusque fidesque,
  Unus ei veræ Relligionis amor.
Quæ comitas, candorque animi, toto enitet ore!
  Quam Majeftatem vultus, & ora ferunt!
Stirpis ea Auftriacæ dos eft fervare Deorum
  CULtUsqUe, & Leges, & sIne Labe fIDeM.
Ecce, venit fanɛti folemnia Fefta *Macarî*,
  Jubileumque ejus concelebrare diem.
Olim ut *Macarius* te, Ganda, à pefte redemit,
  Ille Lares redimet, Cæfar ab hofte tuos.

✸✸

58. Six Pages de Sa Majefté Impériale.

59. Quatre chevaux de main.

    Deux Ducs acompagnant le Roi de Pologne,

60. Le Duc de Lithuanie,

61. Le Duc de Mafovie.

62. Le Roi de Pologne, en qualité de Souverain en Europe.

    Deux Princes acompagnant le Roi de Portugal,

63. Le Prince de Brazile,

64. Le Vice-Roi d'Algarve.

65. Le Roi de Portugal.

XXIII. CHAR.*

66.   A Telé de quatre chevaux, répréfente l'Europe s'apuïant fur un Taureau blanc, orné de Guirlandes avec divers atributs de cette Partie du Monde, tels que Nymphes, animaux, fruits & produɛtions de plufieurs genres, &c.

---

* Il a été donné par la libéralité du Métier des Tanneurs.
*Voiez planche N N.*º 45.

⁂⁂

Refpue lafcivum Tauri fub imagine Numen
Europa, & Divum, cuî facra Trophæa paramus,
Floribus exorna: mundi qua parte fuifti
Nata, fuît natus, vectusque per æquora, quæ te
Abduxêre priùs. Timor abfit, porrige ferta :
Virgine namque Deo nato de virgine, Divi,
Qui nocuêre, ruunt, & funt modò Numina cafta ;
Ac bene conveniunt, & in una fede morantur
Majeftas, & amor cum Virginitatis honore.

⁂⁂

ᴀCCeDat Magno ꜰeLIX ᴇUropa Josepho.
l'Europe cette belle Contrée
Par Jofeph eft illuftrée,
Elle fert d'ornement
A la Fête de ce tems.

67. Le Conducteur des Hongrois avec ce Chronographe :

. . . . sCeptra
CæsarIs ʜUngarIæ popULo Defensa ManebUnt.
Le Peuple de Hongrie,
Vaillant & généreux
Sera toûjours l'apui
Du Monarque valeureux.

68. Le Porte-Etendart de la Hongrie.

69. Une Troupe Hongroife au nombre de vingt. ✶

70. Six Garçons en Harnois précedants le dernier Char, auquel
ils ont raport.

✶ Cette Troupe eft montée par la libéralité de la Confrérie de S. *George* dits Maquignons & Loueurs de Caroffes.

46.

XXIV. CHAR. *

71. **A** Telé de six chevaux, répréfente le Triomphe de la Ville de Gand ; au bas du Char CHARLES *le Hardi* Duc de Bourgogne, &c. plus élévé MARIE *de Bourgogne* fa Fille fous la Garde de cette Ville ; à coté l'Empéreur MAXIMILIEN *d'Autriche* fon Epoux uni par l'entremife de ladite Ville ; plus haut PHILIPPE *le Bel* avec fa Femme en qualité de Parens du grand Empéreur CHARLES V. né à Gand ; plus élévé fe trouvent les quatre Maifons réuniës,

LA LORRAINE,   LA FRANCE,
L'ESPAGNE,   L'AUTRICHE.

Au fommet la Ville de Gand avec cette Infcription à la banniere exprimant le bonheur de cette Alliance.

His Geniis tuta Ganda.

Les Chronographes & Vers fuivans font allufion à l'Empéreur CHARLES V., & aux avantages de ladite union.

1. JaCtItet ALeXanDrUM peLLa,
2. Te, CaroLe, CIVItas GanDa sUUM.

Alexandre *par Pella par tout eft couronné*,
Mais Charles *plus par Gand*, *qui dans fes Murs eft né.*

XX

Romanum Imperium quid jactas, Roma fuperba,
Urbis, & Orbis idem? Regni cum Sceptra teneret
Auguftus Cæfar, latuit pars maxima Mundi.
Falleris : aut forfan tum vaticinata fuifti

---

* Le Char & la Troupe qui le précéde ont été donnés par la libéralité des principaux Négocians.
Voïez planche O

Tempora, queîs *Carolus* furrexit, gloria Gandæ,
Imperium fine fine cui Telluris, & Undæ
Contulêre Dii: veteri conjungere Mundo
Ipfe novum docuit: *plus ultrà* tendite naves
Victor ait: *non plus ultrà*, quod cæca vetuftas
Scripferat, eft error: neque totum terminat orbem
Africa, quam teneo. Cùm Mundum junxerat Orbi,
Plus ultrà pietatis amor fert Cæfaris arma:
Impugnat, fuperat, profternit Numinis hoftes.
Cùm non offerret mundus, quod vinceret ultrà,
Plus ultrà dicit Cœlum: te vincere difcas.
Vincere fe difcit, *Philippo* Sceptra relinquens.
Quam bene conveniens, Feftis hæc Martia virtus!
Funere fic Divi, fic magni Cæfaris ortu
Et crefcit Terris, & Cœlo gloria Gandæ.

✺✺

ꜰᴇLIX ConCorDIa rerUM.

Auftria quadruplici jam crefcet fœdere: quippe
Mars, Venus, & Pallas, *Jofepho* Cæfare, firmant.

> *De l'alliance confervons la mémoire,*
> *Puisque de l'Europe elle affure la Paix,*
> *Et que de cette Ville pour jamais*
> *Elle procure le bonheur & la gloire.*

72. La Marche fera fermée par un Détachement de Grenadiers
Dragons.

Deo, UrbIsqUe ᴘroteCtorI MaCarIo sIt sIne fIne gLorIa.

Au Tout-puiffant & au Protecteur de cette Ville Saint Macaire foit
gloire fans fin.

Fin de la quatriéme & derniére Partie.

COURTE DESCRIPTION
DES
ARCS DE TRIOMPHE,

Dont la répréfentation n'a pû s'effectuer jufqu'ici en Gravure, à caufe de la briéveté du tems.

PRémiérement celui, qui eft pofé devant le Frontifpice de l'Eglife Cathédrale de S. Bavon aux frais du Chapitre, a 80. pieds de hauteur ; le Couronnement eft révêtu de toutes parts de Baniéres flotantes, qui en relevent la hauteur & l'éclat.

La largeur eft de 110. pieds, occupant tout le Frontifpice ; cet Arc eft de l'Ordre Compofite.

Il répréfente S. *Macaire* en Gloire, environné d'Anges dans les Nuës.

De plus une Façade creufe avec des Perfpectives fur les cotés ; au milieu un ouvrage qui fe releve. Le Portrait de S. *Macaire* dans le Couronnement avec deux autres Portraits aux cotés fur des Piédeftaux répréfentant Saints *Amand* & *Bavon* avec les Infcriptions de ces trois Saints.

Cet Arc a une Ouverture de 16. pieds de largeur & 32. pieds de hauteur.

La Partie intérieure a fur les deux cotés 30. pieds de largeur.

Cet Arc eft entiérement peint d'un goût admirable en couleurs variées.

II. ARC DE TRIOMPHE.

LE fécond Arc de Triomphe, qui eft pofé au Kalanderberg tenant la Rue de Vaches, & dreffé par la libéralité de Monfeigneur l'Evêque de Gand, à 72. pieds de hauteur fur 42. de largeur, & répréfente en Perfpective la Concavité d'un demi Cercle, formée à trois Arcades, dont celle du milieu eft feulement ouverte. Cette ouverture à 31. pieds & demi d'élévation fur 16. de largeur, au deſſus de laquelle ſe trouve ce Chronographe :

In ſoLennIIs MaCarII epIsCopUs GanDaVensIs.

Les Arcades paroiſſent être ſoutenuës par des Colonnes de Marbre blanc avec leurs entablemens en couleurs différentes de l'Ordre Dorique.

Les Piédeſtaux & les Niches ſont également décorés de Figures blanches, répréſentant les quatre Vertus Cardinales, à ſçavoir ; la Juſtice, la Prudence, la Tempérance & la Force.

Sur la Corniche entre les Arcades, il y a pluſieurs ſupports, qui ſoutiennent une Baluſtrade, dont les Piédeſtaux ſont montés avec diverſes Pyramides, Vaſes, &c. ; plus haut, une Coupe tranſparente, ornée de Drapéries, Rideaux, Enfans &c. ; & au ſommet du Dôme ſont placées les Armes de Monſeigneur, ſoutenuës par pluſieurs Enfans ailés, & embélies avec les marques de Triomphe, telles qu'Etendarts, Banderoles &c. le tout artiſtement & agréablement peint & varié.

III. ARC DE TRIOMPHE.

ERigé & donné par les R.R. P.P. Capucins, à l'entrée du Kautre, attenant la Maiſon de Mr. Draeck & la ruë oppoſée, nommée la petite rue du Kautre.

Cet Arc de Triomphe à 68. pieds de hauteur, ſur 32. de largeur pris ſur celle de la rue : l'ouverture du paſſage depuis le Couronnement juſqu'au bas eſt de 20. pieds de hauteur ſur 16. de largeur ; les deux Faces de coté ont chacune 8. pieds ; il eſt conſtruit dans l'Ordre Corinthien, & il répréſentera le Peuple de Gand implorant l'interceſſion de S. *Macaire* Patron particulier contre la peſte.

Dans l'éloignement au milieu du Couronnement, on verra S. *Macaire* en habits Pontificaux ; peu au deſſous dans le même éloignement, la Pucelle de Gand, les yeux tournés vers le Ciel, & les mains vers la Terre, gémiſſante ſur la déſolation des habitans, priant pour leur conſervation.

Dans les éloignemens de coté entre les Pilaſtres, il y aura différentes Figures, qui répréſenteront des affligés prenant recours à S. *Macaire*; on lira au deſſous des Chronographes qui exprimeront leur différens béſoins & ſituations.

d'Un autre coté on répréſentera encore S. *Macaire* mettant ſon Evêché entre les mains du digne *Eleuthere* pour viſiter les Lieux Saints à Jeruzalem; cela ſera également exprimé par des Chronographes.

Du coté oppoſé de cet Arc, il y aura une Grotte, dans laquelle S. *Macaire* ſera répréſenté priſonnier, maltraité & à la fin délivré, entreprenant le voïage des Païs-bas &c. &c.

IV. ARC DE TRIOMPHE.

ERigé & donné par les R.R. P.P. Recollets, tenant la Veldſtraete vers le Pont des Recollets, faiſant face au Kautre.

Cet Arc de Triomphe entiérement peint, à 68. pieds de hauteur, & 36. de largeur, conſtruit dans l'Ordre Compoſite.

Dans le Couronnement ſera répréſenté S. *Macaire*; au bas la Ville de Gand priant ce Saint pardevant le Throne du Très-haut, afin qu'il veuille délivrer le peuple de la peſte; le tout en Bas-rélief.

Il y aura des deux cotés trois Colonnes; ſur la prémiére un Piédeſtal ſoutenant le Couronnement de l'Ouvrage, fait en Conſonne avec des petites Figures portans des Etendarts, la ſéconde & troiſiéme Colonne portant une Plinthe, avec la Renommée des deux cotés ſonnant de la Trompette; à droite le Chronographe ſuivant:

HæC In DIVI MaCarII JUbILæo
Cet Arc de Triomphe eſt érigé au Jubilé de S. Macaire
A gauche
ғaMILIa ғranCIsCana ɢanDensIs, pestIferIs serVIens, serVata.

Par les R.R. P.P. Recollets de Gand, confervés de la pefte, malgré leurs fervices aux malades.

l'Ouverture du paffage fera de 30. pieds d'hauteur & 20. de largeur.

Au bas, au lieu des Piédeftaux, il y aura de chaque coté un Ornement de 8. pieds en bas rélief répréfentant les P.P. Recollets faifant plufieurs Fonctions Eccléfiaftiques envers les malades à qui ils aportent différens fecours.

V. ARC DE TRIOMPHE.

ERigé & donné par les R.R. P.P. Jéfuites; il fera pofé au bout de la Veldftraete, atenant le Marché aux grains.

Cet Arc à 58. pieds d'hauteur & 32. de largeur, exécuté en l'Ordre Corinthien; il eft peint des deux cotés en couleur de Pierres de Benthem. l'Ouverture du paffage eft de 16. pieds fur 30. d'hauteur, au deffus des Piliers l'on voit comme en Pierres blanches, l'Efpérance & la Charité de S. *Macaire*, offrant en toute confiance fa vie à Dieu pour le falut du Peuple; au milieu ce Chronographe :

In JUbILæo MaCarII GanDæ soCIetas JesU.

VI. ARC DE TRIOMPHE.

ERigé & donné par l'Exempte & Roïale Abaïe de S. *Pierre* lés Gand, près de la Jurifdiction de ladite Abaïe au bout du Marché aux Grains, y faifant face; il aura 90. pieds de hauteur fur 58. pieds de largeur.

Cet Arc de Triomphe fera conftruit & peint dans l'Ordre de Compofite; au milieu fe trouve une grande Porte ou Paffage qui aura 31. pieds de hauteur fur 17. de largeur, accompagné & apuïé par des Pilaftres, Contrepilaftres, & deux Colonnes rondes, foutenant un grand Dôme ou Coupole; à coté du quel fur lefdites Colonnes fe trouvent les Figures de S. *Pierre* & de S. *Paul* Patrons de l'Abaïe, formant le Corps avancé de l'Arc de

Triomphe ; ce Corps avancé aura en tout 36. pieds de largeur ,
& comme l'Arc au deſſus de cette grande Porte eſt muni d'Architraves , de Friſes , & de Corniches qui ſe croiſent interieurement , à
cette imitation au deſſus des Corniches & des Pilaſtres ſe trouve un
Arc en forme de Niche , enrichi de Feſtons & autres Ornemens ,
au deſſus duquel , ſous la Coupole ſuſdite , ſont placées les Armoiries
de l'Abé & de l'Abaïe de S. *Pierre* , le tout couronné de divers Drapeaux & Trophées , aïant au milieu la Figure de S. *Macaire* , dreſ-
ſant ſes vœux & prières au Ciel pour nous préſerver des maladies
contagieuſes.

Toute la conſtruction de cet Arc ſera peinte en couleur de la
Pierre de Benthem , toutes les Figures en couleur de Marbre , &
les Ornemens , Fleurs , Feſtons , Chapitaux &c. feront dorés : à
chaque coté de ce Corps avancé ſe trouve un Portique creux ,
dont l'Ouverture aura 13. pieds de hauteur ſur 6. de largeur , ſoutenu par des Colonnes , Chapitaux , & Corniches , ornés & cou-
ronnés par deux Anges ou Génies , tenant deux Ecuſſons avec les
Chronographes ſuivans :

    1. Vero Deo sanCtoqUe MaCarIo præsUL seIger ,

    2. bLanDInIUMqUe ConseCrarUnt.

VII. ARC DE TRIOMPHE.

ERigé & donné par les Révérends Péres Dominicains , grands
Carmes , & Auguſtins ; il ſera poſé à l'entrée de la Drapſtraete ,
   faiſant face au Pont aux Herbes.

Cet Arc a 66. pieds de hauteur ſur 28. de largeur , poſé de
l'un à l'autre bout de la rue ; il eſt dans l'Ordre Corinthien , &
entiérement peint en blanc & rouge , parſemé de différentes veines
de Marbre.

Il eſt orné vers le haut d'une Niche , dans laquelle ſe trouve
S. *Macaire* , répréſentant la Charité ; les deux autres Vertus Chré-
tiennes , qui ſont à coté , la Foi & l'Eſperance y correſpondent ;

ſur la Corniche inferieure ſe trouvent les deux Evêques S. *Amand* & *Livin* Patrons de la Ville enſeignant & éclairant les Peuples.

l'Ouverture du paſſage eſt de 31. pieds de hauteur, & 16. de largeur, les deux faces de coté chacune de 6. pieds.

Au deſſus de l'Arcade on a poſé les Armes des trois Ordres Religieux ci-deſſus nommés ; on lit auſſi le Chronographe ſuivant attaché à la Baniere d'un Etendart blanc :

ConVoCatIonIs MUnere , Dote , zeLoqUe,
præDICatores , ÆLIanI , AUgUstInIanI MaCarIo.

Les Révérends Péres Dominicains , Carmes & Auguſtins , ont érigé par zéle & libéralité cet Arc de Triomphe à l'honneur de S. Macaire.

l'Autre face vers la Drapſtraete eſt également peinte & artiſtement ornée.

VIII. ARC DE TRIOMPHE.

ERigé & donné par les Fréres Alexiens ; il ſera poſé tenant le Pont, la principale face vers le Poele, aboutiſſant depuis le petit eſcalier des Alexiens , juſqu'à la muraille de la rue oppoſée.

Cet Arc de Triomphe a 52. pieds de hauteur, & 25. de largeur , il eſt travaillé des deux cotés en Colonnades, Architraves, Friſes & Corniches , dans l'Ordre Ionique &c. , embelli par des Conſoles, Fleurs & Feſtons ; dans le milieu un Cartal dans lequel eſt inſcrit le Chronographe ſuivant :

ALeXIanI GanDenses s. præsULeM CeLebrant.
Les Fréres Alexiens de Gand celebrent S. Macaire.

Au deſſus des Colonnes de coté, il y a des Conſoles pour l'apui & le ſoutien de la grande Corniche qui s'étend à l'entour & au deſſus de l'Arcade ; au deſſus des Conſoles il y a deux Enfans tenant chacun un Ecuſſon , dans leſquels ſe trouvent les Chronographes ſuivans :

ᴀCCIpe ᴀLeXIanorUM Dona.

Recevez les Offrandes des Alexiens.

ᴇXULtate In Deo & sanCto MaCarIo.

Réjouïſſez vous en Dieu, & en S. Macaire.

Au deſſus de la grande Corniche eſt conſtruit ſur un Piédeſtal une ample Cartonne ou Cartal ſoutenuë par deux Anges, avec ces Chronographes :

LUX ᴀntIoChIæ ɢanDaM reCreat.

La lumiere d'Antioche réjouit Gand.

MaCarIUs LUCIDUs.

Macaire *Lumineux.*

ʜIC LaUDetUr MaCarIUs.

Que S. Macaire ſoit ici loüé..

Au deſſus de ladite Corniche & derriére le Cartal il y a un Dô-me creux en deſſous, & rond au deſſus, avec des Conſoles, Liens & Fleurons ; dans l'élevation ſe trouve S. *Alexis* dans les Nuës ; un petit Génie tenant un eſcalier en ſigne de l'attribut ordi-naire du même Saint, en qualité de Patron de ce Couvent.

Cet Arc eſt entiérement peint, les Colonnes & les Figures en Marbre blanc ; toutes les Corniches, Plinthe , Architraves &c. en Marbre noir ; les Panneaux en Marbre rouge ; tous les Cartaux , Fleurons &c. en couleur jaune & veines d'or.

l'Ouverture du Paſſage eſt de 16. pieds de largeur & 30. de hauteur.

IX. ARC DE TRIOMPHE.

E Rigé & donné par le Magiſtrat de la Ville ; il ſera poſé au tournant de la rue de Poivre, aboutiſſant à la Maiſon de Mr. l'Echevin *Pattheet.*

Cet Arc a 65. pieds de hauteur, ſur 33. de largeur, peint en entier : au bas ſur les Piédeſtaux entre les Colonnes, il y a deux belles Figures ; au deſſus des Corniches quatre autres Figures de grandeur humaine ; entr'elles au deſſus de l'Arcade un Cartal ſoutenu des deux cotés par la Renommée ; au ſommet la Pucelle de Gand avec les Armes de la Ville ; ſur les Cartaux ſont inſcrits les Chronographes ſuivans :

senatUs & popULUs ɢanDensIs sanCto MaCarIo.

Le Senat & le Peuple de Gand ont érigé cet Arc de Triomphe à l'honneur de S. Macaire.

Ita LaUDIbUs ConseCraMUs.

c'Eſt de cette maniére que par nos loüanges nous conſacrons cette Fête à l'éternité.

X. ARC DE TRIOMPHE.

ERigé & donné par le grand Beguinage de S. Eliſabeth, faiſant face à la rue de Poivre, vers l'entrée de la Burgſtraete.

Cet Arc qui a 85. pieds de hauteur ſur 34. de largeur, conſtruit dans l'Ordre Ionique, forme un Dôme tranſparent ; au deſſus des Piédeſtaux d'en bas ſont placées quatre Figures, deux de chaque coté répréſentant la Foi & l'Eſpérance, la Prudence & la Conſtance ; au deſſus des Colonnes, des Anges des deux cotés, tenant chaque un Cartal avec ces Chronographe :

ʜoC soLenne trophæUM obtULerUnt ʙeɢInæ s.ᴇLIsabethæ ɢanDæ.

opeM ILLIUs ᴇpIsCopI DeVotà pro IpsIs ꜰLagItantes.

Sur la Coupole au milieu ſe trouve *S. Eliſabeth* donnant l'aumône aux pauvres.

Cet Arc eſt totalement peint ; les Colonnes & Figures en Marbre blanc ; les Panneaux, Piédeſtaux, &c. en Marbre rouge ; les Architraves, Friſes, & Corniches en Marbre noir ; tous les Ornemens, Baſemens, Chapitaux, en or.

l'Ouverture du milieu eſt large de 12. pieds, & la hauteur de 25. ; les deux ouvrages à coté de la Porte ont chacun 11. pieds.

XI.

XI. ARC DE TRIOMPHE.

ERigé & donné par les RR. PP. Carmes déchauffés, pofé devant leur Couvent à la Burgftraete.

Cet Arc de Triomphe, étant de l'Ordre Dorique, a 50. pieds de hauteur fur 33. pieds de largeur; il a trois Ouvertures ou Portes roftiques à la hauteur de 12. pieds, dont les deux Collaterales font larges de fept, & celle du milieu de 9.

Cet Arc eft entiérement conftruit de Mouffe, & répréfente au milieu *S. Jean Baptifte*, à qui l'on compare *S. Macaire*; car fuivant le témoignage de l'Ecriture Sainte *S. Jean* a été facré dans le giron de fa Mére; de même *S. Macaire* dès fon Batême fut facré de nom & de fait, attendu que Μακαριος ou *Macaire* en Grec, fignifie *Beatus* en Latin, & en François *Saint*; comme *S. Jean* a converti grand nombre de Peuples par le Batême de pénitence, de même *S. Macaire* par le Batême de *Jefus-Chrift*; ainfi que *S. Jean* a prêché l'Agneau futur, *S. Macaire* a prêché l'Agneau pour nous crucifié; comme *S. Jean* a été le Précurfeur du Seigneur, ainfi fut *S. Macaire* le prêcheur de la Foi du Seigneur &c. Il confte de tous ces atributs, que c'eft par la Providence divine que les Reliques de *S. Macaire* ont été aportées & depofées avant l'an 1540. dans l'Eglife de *S. Jean Baptifte*, actuellement nommée l'Eglife de *S. Bavon*, afin d'y être honorées avec celles de *S. Jean*.

Au fommet de l'Arc il y a un Ange fonnant de la Trompette avec ce Chronographe:

NUnC CeLebrIs gorDUna trIUMphat.

Plus bas un Ecuffon avec les Armoiries de l'Ordre des petits Carmes avec cette Infcription Chronographique:

CarMeLUs sCUto gaUDIa sIgnat.

Sur chaque Angle il fe trouve un Ange fonnant de la Trompette avec les Chronographes fuivans:

I

1. ᴇCCe Deo JUbILaMUs oVantes,

2. proteCtæ spLenDetqUe MaCarIUs UrbI.

Sur la Corniche fupérieure:

qUI fUIt In VIta CoMpar spLenDore JoannI,

ILLIUs In teMpLo Corpora fanDa CUbant.

Au milieu *S. Jean Baptifte* en Cadre, & au tour du Cadre ce Chronographe:

VoX aCCLaMantIs In Deferto.

Plus bas:

ʜIC MaCarIUs DIVo JoannI parILIs, &c.

XII. ARC DE TRIOMPHE.

ERigé & donné par les Députés aux Etats de la Province de Flandre, qui fera pofé vers la fin de la Burgftraete, faifant face d'un coté vers les petits Carmes, & de l'autre vers le Pont tenant la rue de Gewat.

Cet Arc de Triomphe eft de 120. pieds de hauteur fur 57. de largeur, dont l'Ouverture pour le Paffage eft de 40. pieds & la largeur de 20.; il eft entiérement peint dans l'Ordre Ionique, répréfentant une Coupole ou Dôme, orné dans le Frontifpice par les Armes de Sa Majefté notre Augufte Souveraine, & foutenu par deux Génies; au deffous ce Chronographe:

ᴀUstrIaCIs aUspICIIs seMper pIa ɢanDa fLorebIt.

Cet Arc eft orné au bas fur les Piédeftaux de quatre Figures, à fçavoir; la Prudence, la Juftice, la Bénignité & la Retenuë; ces Figures ont chacune dix pieds de hauteur.

A coté des Armes il y a deux Bas-reliefs, l'un faifant allufion à *S. Macaire* prêchant au Peuple, avec ce Chronographe:

pIUs & zeLosUs ethnICorUM DoCtor.

Et de l'autre coté fa glorieufe Entrée dans le Ciel; au deffous le Chronographe fuivant:

CoronatUs In spLenDorIbUs sanCtorUM.

Il est peint en Marbre rouge & gris, faisant face aux petits Carmes.

De l'autre coté se trouve un sécond Arc peint en verd orné de Vases blancs ; cet Arc est de la même hauteur & largeur que le précédent ; au Frontispice il y a un grand Bas-relief, où *S. Macaire* assiste les affligés. On y voit ce Chronographe :

VerUs CœLestIs MeDICUs.

Il y a deux Anges de chaque coté, soutenant un Cartal, où sont peints les Armes de la Province &c. le tout orné de sept Drapeaux &c. &c.

ponIt proVInCIa MaCarIo GanDæ JUbILantI.

XIII. ARC DE TRIOMPHE.

ERigé & donné par la Chatellenie du Vieubourg de Gand ; il sera posé à la place de *S. Pharailde* vers le Pont de la Boucherie, la prémiére face vers le Conseil.

Il aura 76. pieds de hauteur sur 42. de largeur en Ordre Dorique, réprésentant l'Agriculture avec tous ses atributs ; au dessus des Colonnes du coté droit, on réprésente la Fabrique de Toiles dans cette Chatellenie, par une Femme occupée à filer. Du coté gauche au dessus des Colonnes, l'Agriculture, par un Païsan se reposant de la main gauche sur une Beche, & tenant de l'autre une Fauçille.

Au milieu sur la Corniche les Armes de la Chatellenie, ornées de tous cotés par les instrumens & atributs de la Culture, tels que Vaches, Brebis, &c. &c.

Sur l'Arcade élevée sur ces instrumens & ustenciles, se présente Aurore, & la diligence des habitans de la Campagne par un Coq chantant.

Dans la partie superieure au dessus des Corniches sont placées les trois Déesses, Tellus, Cerés & Pomone ; la prémiere Déesse Tellus réprésente la Terre, se reposant sur un Lion tenant de la main

I 2

droite la Corne d'Abondance; l'autre Déeffe Pomone répréfentant les Fruits, qu'elle offre dans un panier à la Déeffe Tellus, & Cerés répréfentant la Moiffon, portant fur fes épaules une bote de Froment, &c.

Les cotés de cet Arc feront ornés de Plantis & Arbres, faifant auffi des parties principales de l'Agriculture.

Cet Arc fera peint en couleur de pierres de Benthem, dont les Bafemens, Chapitaux, & les Fleurs entremelées, feront parfemés d'or.

La Draperie au deffous de l'Architrave, entre les deux Colonnes au milieu, fera peinte en couleur Cramoifie, & ornée de Feftons dorés.

l'Ouverture du Paffage eft de 14. pieds fur 32. de hauteur; chaque partie des deux cotés eft de la largeur de 14. pieds, fur les quelles feront figurées les Colonnes en l'Ordre Dorique.

La face de cet Arc, qui donnera de l'autre coté fur le Marché aux Herbes, fera également peint en entier à peu près dans le même gout.

XIV. ARC DE TRIOMPHE.

ERigé & donné par l'Abaïe de Baudeloo; il fera pofé au bout de la Langemunte, vis-à-vis du grand Canon, faifant face au Marché de Vendredi.

Cet Arc de Triomphe, aïant 76. pieds d'élévation fur 48. pieds de largeur, dont la partie inferieure eft de l'Ordre Ionique, & la fuperieure de l'Ordre Compofite, répréfente la Reconciliation de *Baudouin* IIII. avec fes Sujets à Tournai, par l'entremife de *S. Macaire*.

Les Colonnes, Figures & Ornemens de cet ouvrage font peints en Marbre blanc; les Entablemens, Piédeftaux, & Fonds des Colonnes en couleur de Pierres pourpres, & les Chapitaux, Bafemens, & Décorations en or.

Il forme auffi une Arcade circulaire & convexe avec fes Angles,

Colonnes, Contrepilaſtres &c. où l'on voit auſſi en perſpective la Partie interieure entiérement concave , dans l'Ordre Ionique , la quelle eſt ſurmontée d'une ſeconde Colonnade en perſpective , de l'Ordre Compoſite.

Les Armoiries de l'Abaïe de Baudeloo ſont placées au Frontiſpice, ſoutenuës par deux Anges , & ornées de marques de Triomphe ; tels qu'Etendarts, Banieres, Banderoles , &c.

Il eſt encore orné de Figures qui répréſentent la Juſtice, la Prudence , la Temperance & la Force, avec pluſieurs Enfans, &c.

l'Ouverture du millieu a 25. pieds de hauteur, & 12. pieds & demi de largeur; au deſſus ce Chronographe :

sanCto MaCarIo ereXIt BaUDeLoo.

l'Abaïe de Baudeloo à érigé cet Arc de Triomphe à l'honneur de S. Macaire.

XV. ARC DE TRIOMPHE.

ERigé & donné par le Magiſtrat de la Ville, & poſé tenant le Béfroi.

La hauteur eſt de 70. pieds, la largeur de 30. ; l'ouverture du paſſage de 16., & la hauteur de 30.

Cet Arc eſt totalement peint avec ſes Colonnes, Corniches , Piédeſtaux, en Ordre Dorique; au deſſus des Corniches de l'Arcade les Armes de la Ville ; au delà des Corniches des Colonnes, deux Figures de grandeur naturelle, répréſentant la Juſtice & la Prudence ; au ſommet la Ville de Gand en Triomphe ; le tout orné de Banieres, Drapeaux, &c. &c.

On trouve auſſi ſur cet Arc ce ſeul Chronographe :

eXULtat GanDa In sanCto MaCarIo.

La Ville de Gand ſe réjoüit en S. Macaire.

XVI. ARC DE TRIOMPHE.

ERigé & donné par quelques zélés Paroiſſiens de *S. Michel*, poſé à l'entrée de l'Egliſe du coté des R.R. P.P. Dominicains.
Il eſt de la hauteur de 65. pieds ſur 32. de large, de l'Ordre Ionique; il répréſente un Dôme ſoutenu de ſix Piliers, & de ſix autres qui ſe préſentent ſur le derriere, les quels avec les Friſes & Ouvrages plats ſeront peints en Marbre blanc; les Piédeſtaux, Architraves, Corniches, peintes en Marbre noir, & tous les Ornemens en jaune; devant les Piliers &c. ſont deux Figures, la Foi & l'Eſpérance, avec leurs atributs en Marbre blanc; ſur les Corniches quatre Cherubins tenant chacun un Cartal avec les Chronographes ſuivans à l'honneur de *S. Macaire*.

1. PrædUL MaCarIUs orbIs DeCUs.

Le S. Evêque Macaire la gloire du monde.

2. CœLeſtIbUs CongaUDIUM.

En gloire & en joïe avec les Anges.

3. GanDaVo LUe affLICto ſoLatIUM.

Il a ſoulagé la Ville de Gand lorſqu'elle fut accablée de la Peſte.

4. AC DULCe hannonIæ refUgIUM.

c'Eſt auſſi à lui que la Ville de Mons prit recours dans ſes beſoins.

Le deſſus de l'Arc répréſente le Triomphe de l'Archange *S. Michel* dans les nuës, précipitant les Anges rebelles.
Au milieu de l'Arc eſt un Cartal avec ce Chronographe:

DIVI MaCarII JUbILæo paroChIa.

Au Jubilé de S. Macaire la Paroiſſe de S. Michel érige cet Arc.

La partie interieure du Dôme ſe remplit par un Dais ou Trône, ſous lequel, au jour de la Proceſſion, il y aura un Autel pour y répoſer le Vénérable; cet Autel ſera magnifiquement orné en Broderies, Argenterie, &c.

XVII. ARC DE TRIOMPHE.

ERigé & donné par la Confrerie de *S. George*, poſé au devant de l'Hôtel de ladite Confrerie ſur la Hoogpoorte.

Cet Arc entiérement peint, orné dans le milieu par le Portrait de Son Alteſſe Roïale, & rempli de Chronographes & autres Ornemens, eſt cependant d'une moindre conſtruction, hauteur & largeur que les précédens.

NOTA:

A l'égard des Ornemens & Parures des Maiſons, par devant les quelles la Proceſſion de Dévotion & la Cavalcade paſſeront, on n'a pu juſqu'ici en faire la Déſcription, attendu qu'elles ne ſeront étalées que vers le tems des jours ſervants, ſuivant le zéle & l'inclination d'un chacun, & à l'égard des quelles on remarque dès à préſent des mouvemens & des préparitifs conſiderables pour correſpondre à de ſi beaux Arcs de Triomphe.

EXPLICATION

Du Grand Feu d'Artifice qui fera dreffé & exécuté dans la Ville de Gand fur la grande Place dite au Vendredi, à l'occafion du Jubilé de fept cens ans de S. Macaire, au nom & frais particuliers de Meffieurs les Députés des Etats de Flandre, le prémier beau jour des trois fuivans, à fçavoir: 1. 2. ou 3. de Juin.

PRÉMIÉRE PARTIE.

1. CEtte Partie répréfentera une Sphére ou Globe, tournant fur fon Axe, qui changera & s'ouvrira en Tulipe, compofée de fix Pétales, dont le Piftil oblong divifé en trois loges répréfentera des Portraits; celui de Son *Alteffe Roïale* fera face a la vue de fadite *Alteffe Roïale*, au moment que le Globe ceffera de tourner.

2. Dans la Figure du milieu feront répréfentées les Armes de la Maifon d'Autriche, furmontés d'une Couronne Impériale en feu blanc, précédé d'une décoration en feu tranfparent, qui fera lire ces mots: VIVAT MARIA THERESIA.

3. La Planche à droite répréfentera d'abord le nom de *Son Alteffe Roïale* en lances à Feu, & la feconde décoration en feu rouge le Chronographe analogue à la joïe de l'heureufe arrivée de *Son Alteffe Roïale.*

   Nota ces trois Piéces feront répréfentées à la fois, & leurs décorations fe fuccederont de même.

4. Le Palais du Soleil en trois décorations fucceffives, dont l'ouverture entre les Pilaftres répréfentera dans l'éloignement en feu fombre & rouge l'Antre de Vulcain, où les Cyclopes travaillent.

   La prémiére décoration des Pilaftres fera en Illuminations, l'Entablement fera orné de lances en lignes fpirales.

   A la feconde le milieu des Pilaftres fera orné d'Etoiles, &

la

CAROLO
MARIA THERESIA
1 genD. VerWILLekoMt. prIns CareL.
2 nihil illo triste recepto.
A. statOr tLanDrIæ sanCto MaCarIo ereKKen
B. Le LIon De fLanDre DeVolLé all prInCé.
C. omnibus hinc rerum cunctarum nascitur ordo
D. sole sub austriaco felix servabitur ultro.
E. soLe eXarDesCIMUs ILLo.
F. In DeLICIIs ILLUMInabItUr.
G. Ut phenIX eX CInerIbUs reVIXIt DIVUs MaCarIUs.
P. W. F.

la Corniche en Girandoles, Cométes, & deux grands Soleils fixes, qui changeront trois fois.

A la troifiéme décoration toutes les ouvertures des Pilaftres paroîtront en feu clair, & l'Entablement en Cafcades & Arbres Chinois avec des Infcriptions Chronographiques. *

DEUXIÉME PARTIE.

Cette Partie commencera par des Fufées d'honneur, coups de Canons & de Mortiers à Bombes.

1. ELle répréfentera en outre un grand Soleil fixe avec une Infcription au bas en feu, ce Soleil allumera par fes raïons un Phénix, allufion à S. *Macaire*, qui pour fauver de la pefte le peuple de la Flandre, s'eft dévoué à la Mort, *Moriendo peftem extinguit.*

2. Le Nom de S. *Macaire* entouré de raïons, nommés en terme d'Artifice *Grande Gloire*, & au pied une Cafcade furmontée par des Arbres en Fleurs Chinoifes.

3. Une grande Machine Pyrrhique.

4. Une Table furmontée de trois Rouës de Fortune avec plufieurs doubles Rofes.

TROISIÉME PARTIE.

Cette Partie s'ouvrira comme la deuxiéme.

1. UNe feconde Machine Pyrrhique ornée de quatre Variations & Décorations.

2. Deux Guillochis & Girandoles.

3. & 4. Plufieurs Moulinets & Soleils tournans, dont deux avec quatre différentes couleurs, fçavoir le verd, le rouge, le bleu & le jaune, qu'on verra diftinctement l'une après l'autre. Deux Moulins excentriques.

---

* Voïez la Planche du Feu d'Artifice Litt. C. D. E. F. G.

K

QUATRIÉME PARTIE.

Cette Partie commencera comme la deuxiéme.

1. Elle répréfentera une Etoile, & une Cométe de métal, belles piéces qui changeront trois fois en Soleils fixes.
2. Une grande Machine Pyrrhique de doubles Rofes & de Tourbillons ou Fufées de table.
3. Une Caiffe reglée en Fufées volantes, qui répréfentera une grande Piramide dans l'Air.
4. Plufieurs Piramides de Pots à Feu.

CINQUIÉME PARTIE.

Cette Partie commencera comme les trois précédentes.

1. Une Caiffe reglée de fix cens Fufées de différens calibres.
2. Deux Lions avec des Chronographes. ★
3. Deux Dragons à l'ouverture de l'Antre de Vulcain.
4. Un Berceau de Feu, plufieurs Caiffes de Pétards, & de Pots à Feu ; enfuite la Forge & tout ce qui compofe la grote des Cyclopes difparoit, & le tout eft terminé par une grande Illumination.

F I N.

★ *Voiez la Planche du Feu d'Artifice Litt. A. B.*

Vidit Æ. F. AUDENAERT *L. C.*
Vidit J. F. DIERICX.

LISTE DES PERSONNES

Qui acompagnent la CAVALCADE, *dreſſée ſelon l'Ordre des Nombres de chaque Partie, ci-devant raportés.*

PRÉMIÉRE PARTIE.

1. LEs deux Majors de la Ville, *Charles-Joſeph de l'Epée.* *Pierre Della Faille.*
2. Détachement de Dragons.
3. Les Timbales & Trompettes.
4. Le PAON, ſur lequel eſt aſſiſe *Françoiſe de Kimpe.* Sur le devant, *Jean Pyn.*
5. I. CHAR de S. AMAND. S Amand, *Jean Telliers.* Un Sacrificateur, *Philippe de Favyn.* 1. Petite Fille, *Judoca Pycke.* 2. *Iſabelle de Cooman.* 1. Petit Garçon, *Macaire de Loof.* 2. *Jean Poeleman.* La Religion Triomphante, *Marie vanden Broek.* l'Ange conduiſant les chevaux, *Philippe Sermon.*
6. La Religion, *Colete Racy.*
7. Les Chatellenies & Païs, *Jacques Herman.* *Joſeph Malfeſon.* *Jean Scheire.* *Emanuël Boele.* *Henri Simoens.* *Jean Hoovent.*
8. Le PHENIX. A coté { *Jacques Cornand.* *Joſſe Moreels.*
9. II. CHAR de S. LIVIN. l'Ange Conducteur, *Jean Evens.* 1. Ange tenant les dignités Epiſcopales, *Pierre Riedts.* 2. Ange, *Jean Duyvetter.* 1. Ange tenant les Inſtrumens du Martire, *Jacques Evens.* 2. Ange, *Benoit Duyvetter.* 1 Ange en Gloire, *Henry Delvaux.* 2. Ange, *Jacques van Rentergem.* S. Livin, *Pierre Iman.*
10 La Renommée, *Gilles Hertſchap.*

11. Sept Anges avec des Trompettes, *Gervais Somers.* *Jean Sulmon.* *Paul Steenbeke.* *Conſtantin Thylaert.* *Fançois Goſſaert.* *Jacques Landsheere.* *Antoine Ronſe.*
12. III. CHAR, la Pucelle de Gand, *Colete Coppens.*
13. 1. Porte-Etendart, *François Terby.* 2. *Ignace van Laer.*
14. Le Genie, *Bernard Claeys.*
15. La Piété, *Caroline Muſſchebroeck.* La Doctrine, *Thereſe du Boſch.*
16. Le Porte-Etendart de Baudouin, *Charles Morel.*
17. Les Gentilshommes de Baudouin, *Amandus d'Hane.* *Pierre de Rudder.* *Joſeph Keerſſe.* *Emanuël Heyman.* *Jacques vander Maeren.* *Jean de Naeyer.* *Guillaume de Moerlooſe.* *Guillaume Kervyn.* *Charles Kervyn.* *Charles de Sadeleere.* *Bernard Huybrecht.* *Bernard du Boſch.* *Pierre Hamelinck.* *Joſeph van Waes.* *François de Naeyer.* *Jean Boele.*
18. Baudouin IV., *Emanuël d'Hane.d'Eeckhove.* Oɔnie de Luxembourg, *Albertine Ravalli.*
19. Deſſus le PELICAN, *Thereſe Maldeghem.* au bas { *Jacq. van Drieſſche.* *Jean Joſeph Racy.*

20. IV. CHAR, la Peſte. Des Malades & Pénitens, *Jean van Achten.* *Gregoire Meeſemael.* *François Ardinaes.* *Jean Remel.* *Pierre Emanuël Garſie.* *Charles Colier.* La Ville deſolée, *Colete Vigneron.* S. Macaire, *François Telliers.* l'Ange Exterminateur, *Guillaume Telliers.*
21. Porte-Etendart de Philippe I. *Jean Kervyn.*
22. La Nobleſſe du Roi, *Livin van Damme.* *Joſeph de Baſt.* *Thomas de Bruyne.* *Joſeph Thienpont.* *Jean Scouvemont.* *Livin Claes.* *Jean van Beneden.* *Philippe Gooſſens.* *Jacques Maſquilier.* *Emanuël de Keuckelaere.* *Jean Schellinck.* *Jean Penneman.* *Charles du Toit.* *Jean Heyman.* *Pierre van Riſſeghem.* *Luc de Kimpe.*
23. Le Roi de France Philippe, *Charles Bauwens.*
24. 2. Gentilshommes de Baudouin, 1. *Luc de Groote.* 2. *François Saey.*
25. Baudouin V., *Charles Goethals.* Adele de France, *Catharine de Goeſin.*
26. 2. Gentilshommes de Baudouin VI., 1. *Joſeph de Wolf.* 2. *Charles Carpentier.*
27. Baudouin VI., *Loüis Papeleu.*

Richilde de Hainaut,
Catharine Wieme.
28. La LICORNE, fur laquelle
eſt aſſis *Charles Reyſſchoat.*
Sur les cotés,
François de Coſter.
François de Moorem.
Anne Reyſſchoot.
29. V. CHAR, Ouverture des
Reliques
La Lys, *Barbe Maſquilier.*
l'Eſcaut ,
Pierre de Keerſmaeker.
4. Anges tenant les dignités
Epiſcopales ,
Daniël Grenier.
François Curſius.
François van Daele.
Jacques van Daele.
l'Evêque Baudouin ,
Michel Beneauw.
l'Evêque Libert ,
Paul de Cuyper.
Abbé de S. Bavon ,
Guillaume Vermeulen.
Abbé de S. Pierre ,
Pierre de Cuyper.
1. Aſſiſtent ,
Jacques Hendrix.
2. Aſſiſtent ,
François Dankegnier.
30. La Foi , *Marie Racy.*
31. Les Villes ,
Thereſe Wamberſie.
Colete Moerman.
Marie de Cooman.
Caroline de Loof.
Jeanne Delmaye.
Iſabelle Robyn.
32. Le Porte-Etendart des Ar-
chiducs, *François Haſty.*
33. Suite des Grands d'Eſpagne ,
Antoine Wydooge.
Jacques Broeſom.
Jean Verloge.
Jacques Viſpoel.
Loüis Tolliers.
Nicolas la Fontaine.
Loüis Bernaert.
Eugene Verplanken.
François van Beneden.
Bernard Bernaert.
Jean Vlaming.
Jean van Bavegem.
Jean Knudde.
François Molyn.

Alexandre Douterlinge.
François vande Viver.
34. 2. Gentilshommes d'Albert ,
1. *Livin de Baſt.*
2. *Ignace Carton.*
35. Albert, *Guillaume Pycke.*
Iſabelle, *Iſabelle Pycke.*
36. 2. Gentilshommes d'Albert ,
1. *Bernard Seth.*
2. *Jean Maſquilier.*
37. Le LION fur lequel eſt
aſſis *Pierre Necker.*
De coté, *Jean de Raet.*
38. VI. CHAR, S. MACAIRE
en Gloire.
La Paix, *Colete Toebaſt.*
La Juſtice ,
Caroline de Biſſchop.
Ville de Gand ,
Marie vander Plactſen.
Ville de Mons ,
Marie Anne vander Plaetſen.
Iſabelle, *Marie Provooſt.*
Dames d'honneur ,
1. *Marie de Rynke.*
2. *Marie Hertſchap.*
Anges ,
1. *Joſeph de Kerſmaeker.*
2. *François Triconi.*
S. Macaire ,
François Egremont.
39. La Reconnoiſſanee ,
Catherine Racy.
40. Villages & Villes ,
Laerne, *Iſabelle Verlinde.*
Eename , *Petronille Mulders.*
Boulaere, *Anne Vermeire.*
Thielt, *Judoca Chriſtiaens.*
Audenaerde ,
Jeanne Gillyn.
Lilie, *Colete Branbaders.*
41. Le Porte-Etendart des Comtes de Flandre ,
Emanuel Wieme.
42. 2. Gentilshommes de Théodoric ,
1. *Henry Raguet.*
2. *Felix Deſarme.*
43. Théodoric, *Louis Morel.*
44. 2. Gentilshommes de Marguerite de Conſtantinople ,
1. *Chrétien Muſſchebroeck.*
2. *Joſſe de Moerlooſe.*
45. Marguerite ,
Catharine vander Maeren.

46. 2. Gentilshommes de Louis
de Maele ,
1. *Jacques de Sutter.*
2. *Albert Gyrardin.*
47. Louis de Maele ,
François vander Bilt.
48. 2. Chevaliers de la Toiſon
d'Or ,
1. *Pierre Lancel.*
2. *Paul Lancel.*
49. Philippe le Bon ,
Joſſe Huyttens.
50. 2. Grands d'Eſpagne ,
1. *Corneille van Boterdael.*
2. *Pierre Nevejans.*
51. Philippe II. Roi d'Eſpagne ,
Jean de Meulemeeſter.
52. 2. Grands d'Eſpagne ,
1. *Alexandre Deſarme.*
2. *Pierre Gugtenaer.*
53. Charles II. Roi d'Eſpagne ,
Charles le Clerc.
54. 2. Gentilshommes de Son
Alteſſe Roïale.
1. *Martin de Baſt.*
2. *Jean Bettens.*
55. Son Alteſſe Roïale le Duc
Charles de Lorraine ,
François Joſeph Pycke.
56. 2 Gentilshommes de S. A. R.
1. *Jean d'Anvers.*
2. *Jean Beylmaeker.*
57. Madame Roïale ,
Barbe de Turnhout.
58. 2. Gentilshommes de M. R.
1. *Jean Toebaſt.*
2. *Jacques de Naeyer.*
59. La Garde des Huſſards.
60. L'AIGLE, ſur lequel eſt aſſis
Ambroiſe Bebiels.
Au bas
Thereſe Eggremont.
61. 2. Gentilshommes d'Albert
de Saxe.
1. *Jean Wamberſie.*
2. *François Malfeſon.*
62. Albert de Saxe.
Jean Schoorman.
63. 2. Gentilshommes de l'Archiduc Maximilien ,
1. *Pierre Rienſlag.*
2. *Charles Teirlink.*
64. L'Archiduc Maximilien ,
*Louis Coppens d'Eekenbrug-
ghe.*

65. 2. Princes de la suite de l'Archiduc Ferdinand,
1. *Josse Ramond.*
2. *Jean van Doorne.*
66. L'Archiduc Ferdinand,
Jean - Baptiste d'Hane de Leeuwergem.
67. 2. Princes de la suite de l'Archiduc Pierre-Léopold,
1. *Jacques Meyer.*
2. *François Carpentier.*
68. L'Archiduc Pierre-Léopold,
Charles de Thiennes de Rumbeke.
69. La Garde d'Autriche,
De Vonct.
Destelbecq.
Dignant.
Albert Schelfaut.
François Demschet.
Le Mercier,

Jean Clays.
François Alison.
Vande Velde.
De Riable.
De Clercq.
Gilles de Block.
Govaert.
Vervenne.
Vander Straeten.
Van de Velde.
t'Zas.
Floryn.
70. Les Provinces & Royaumes,
Brabant, *Neckebrouck.*
Flandre, *Isabelle Pycke.*
Milan, *Marie le Clerc.*
Hongrie, *Jeanne le Clerc.*
Bohême, *Marie Gyselink.*
Autriche, *Barbe Dregge.*
71. VII. CHAR, réprésentant la
Maison d'Autriche.

L'Impératrice Doüariere &c.
&c., *Colete d'Olysi.*
L'Impératrice regnante,
Colete Goeman.
Fille de l'Empereur,
Anne Fowarge.
La Grande Duchesse de Toscane, *Isabelle Goeman.*
La Princesse de Modene, fu-
ture Epouse de l'Archiduc
Ferdinand,
Jeanne Huybrecht.
1. Archiduchesse,
Caroline de Meulemeester.
2. *Caroline Herman.*
3. *Therese van Aken.*
4. *Marie Boele.*
5. *Jeanne Haegeman.*
6. *Colete Malfeson.*
7. *Jeanne Lenaert.*

Fin de la prémiére Partie.

SECONDE PARTIE.

UN détachement de Dragons.
Une Bande de Musiciens.
1. Une Troupe de Chasseurs
& d'Amazones.
Chasseurs,
Pierre van Loo, fils de
François-Victor.
Philippe van Melle, fils de
Jean.
Chrétien Minne, fils de *Maxi-milien.*
Jean Vollaert, fils d'*Arnold.*
Pierre Minne, fils de *Jean.*
Jacques van Loo, fils de *Jac-ques-André.*
Jean van Melle, fils de *Gas-part.*
Arnold de Raeve, fils de *Jean.*
Jean van Loo, fils de *Fran-çois-Victor.*
Mathieu van Loo.
Adrien Deynoodt.
Guillaume Minne, fils de
Pierre-Maximilien.
Jean Van Loo, fils de *Jean-Antoine.*
Marc-Antoine Minne, fils de
Livin.
François Vollaert, fils de *Jean.*

Gerard Minne, fils de *Jacq.*
Pierre de Raeve, fils de *Jean.*
Jean-Baptiste de Raeve, fils
de *Jean.*
Jacquees Minne, fils de *Jean.*
François-Cornille van Melle,
fils de *Jean.*
Pierre van Melle, fils de *Bar-thelemi.*
Louis Deynoodt.
Déesses de la Chasse.
Marie van Melle, fille de
Jean-Livin.
Isabelle van Loo, fille de *Jean.*
Antonette Deynoodt, fille de
François.
Regine Minne, fille de *Chré-tien.*
2. Diane, montée sur le CERF,
Agnès Minne, fille de *Chre-tien.*
Déesses de la Chasse.
Françoise Vollaert, fille d'*Ar-nold.*
Therese van Melle, fille de
François.
Petronille van Melle, fille de
Jean.

Anne van Loo, fille de *Lau-rent.*
Sur les chevaux tirant le
CERF,
Jean van Melle, fils de *Jean.*
Chrétien van Melle, fils de
Chrétien.
3. Sur le VIII. CHAR, répré-
sentant la Terre,
Flore, *Jeanne Minne*, fille
de *Chrétien.*
Autres Déesses,
Catherine van Melle, fille de
Guillaume.
Jaqueline van Melle, fille de
Jean.
Marie Minne, fille de *Jean.*
Catherine Minne, fille de
Jean.
Jardinier, *Christophe Minne*,
fils de *Jacques.*
Cupidon, *Dominique van
Melle*, fils de *Guillaume.*
Sur les 4. chevaux d'atelage,
François Minne, fils de *Chré-tien.*
Cornille van Loo, fils de *Ma-thieu.*
Henri van Loo, fils de *Pierre.*

François van Loo, fils de *Mathieu.*

4. A côté de l'Autruche,
Jacques de Rudder.
Adrien Servaes.
Pierre van Hoeke.
Guillaume Hellin.

5. Une Troupe de Dieux Aëriens
Jean Braekman.
Jean Schellink.
Bernard Waldrie.
Corneille Waldrie.
Livin de Loof.
Joseph Vaernewyck.
Jean de Winne.
Livin Corryn,
Pierre Vaernewyck.
Paul Verschuere.

6. IX. CHAR, réprésentant l'Air.
Titan, *Pierre Vercluyse.*
Aurore, *Ferdinande Santford.*
Junon, *Marie de Winne.*
Déesses Aëriennes,
Rose Verschueren.
Marie Jeanne de Winne.
Jeanne Pieters.
Isabelle Verschueren.
Marie Hooghstoel.
Eöle, *Pierre Klinckspoor.*
Le Vent du Sud,
Guillaume Vaernewyck.
Le Vent d'Ouest,
Jacques Klinckspoor.
Le Vent du Nord,
Pierre Pieters.
Le Vent d'Est, *Jean Scheire.*

7. Sur le DRAGON,
Apollon, *Augustin Kreps.*
Cupidon, *David Hulpia.*

8. Une Troupe de Cyclopes.
Martin de Vos.
Philippe Montyne.
François Rasye.
Pierre de Rudder.
Albert Poddevin.
Joachim van Hoecke.
Guillaume Volan.
Pierre d'Anvers.
François Hebbelinck.
Paul Hamelinck.

9. X. CHAR, réprésentant le Feu.
Vulcain, *Antoine Verplancke.*
Jupiter, *Michel de Bleeker.*
Cupidon, *Guillaume Verstorme*
Venus, *Therese de Vos.*

4. Cyclopes,
George Verstorme.
Livin Dentyn.
Jacques Buck.
Jean de Smet.

10. LE CHEVAL MARIN.
La Déesse Tethys,
Anne Broesom.
A côté 4. Satires.
Jacques Broesom.
Jean Broesom.
Jacques de Block.
Jacques de Clerck.

11. LE NAVIRE à 3. MATS.
Une Bande de Matelots,
Capitaine, *Joseph Simoens,* fils de *Jean.*
Vice-Capitaine,
Jacques Neyt, fils de *Jacques.*
Chapelain, *Jean Neyt,* fils de *Jacques.*
1. Pilote, *Guillaume Vander Haegen,* fils de *Pasquier.*
2. Pilote, *Pasquier Vander Haegen,* fils de *Guillaume.*
Matelots, Charpentiers, Manœuvriers des voiles & cordages, Connétables, Garçons de Cahute, &c.
Pierre Stevens, fils de *Tobie.*
Jean de Waele, fils de *Gilles.*
Henri van de Walle, fils de *Mathieu.*
Mathieu Neyt, fils de *Franç.*
Jacques van Leaucourt, fils de *Gilles.*
Etienne Neyt, fils de *Mathieu.*
Pierre Vandersluys, fils de *François.*
Jean Stevens, fils de *Jean*
Jean Mast, fils de *Luc.*
Jacques Lammens, fils de *Pasquier.*
Pierre Stevens, fils de *Jean.*
Egide Stevens, fils de *Jean.*
Charles Vander Haegen, fils de *Guillaume.*
Pierre Lammens fils de *Jacques.*
Jean Lammens fils de *Jacques.*
Joseph Mast fils de *Jean.*
Jean van Leaucourt fils de *Gilles.*
Christophe Lippens fils de *Thomas.*
Jean Maes fils d'*Adrien.*

Josse van Leaucourt fils de *Dominique.*

13. XI. CHAR, réprésentant l'Eau.
Neptune, *Jean van Loo* fils de *Josse.*
Déesse, *Jeanne van Loo* fille de *Jacques Michel.*
Dieux Marins.
Josse van Loo fils de *Nicolas.*
Martin Cauweryck fils de *Balthazar.*
Joseph van Loo fils de *Pierre Christophe.*
Tritons.
Josse van Loo fils d'*Antoine.*
Pierre de Moor fils de *Guillaume.*
Nymphes.
Anne van Loo fille de *Barthelemi.*
Marie Cauweryck fille de *Pierre.*
Marie van Loo fille de *Jean.*
Le fleuve l'Escaut,
Baudouin van Loo fils de *Jacques.*
Sur les chevaux Marins.
Pierre Cauweryck fils de *Pierre.*
Emanuël van Loo fils de *Barthelemi.*

14. Le CROCODILE, sur lequel est assis.
Antoine de Somere.
A coté { *Adrien Verstraeten.* / *Jean de Rudder.* }

15. Une Troupe de Chevaliers Errans.
Jean de Wolf.
Josse de Mulder.
Joseph Marest.
François van Roy.
Adrien Goossens.
Albert Gilles.
Jean Baptiste Goossens.
Jacques de Raeve.
Ambroise de Fou.
Gilles de Cuyper.

16. XII. CHAR, réprésentant la Fortune.
Alexandre,
Charles Reyssenaere.
2. Enfans { *Jean Daele.* / *Philippe Vriest.* }
Crefus, *Jean Baptiste Callens.*

2. Enfans } *Cathar. Daele.* / *Jacques Biſſé.*
Midas, *Philippe Daele.*
2. Enfans } *Bernard Callens.*
Indiens } *Anne Callebaut.*

Païſan, *Jean vande Plaſſche.*
Deux } *Henry Sinquentyn.*
Enfans } *Martin Teerlynck.*
Darius, *Loüis Goetgebuer.*

Deux } *Charl. vande Vyver.*
Eſclav. } *Marie Sinquentyn.*
Batelier, *Fredric vande Vyver.*
Deux } *Ign. Sinquentyn.*
Matelots } *Charles de Wiut.*

Fin de la ſeconde Partie.

TROISIÉME PARTIE.

UN Détachement de Dragons.
1. Timbalier & Trompettes.
2. Les 12. mois de l'Année.
Janvier, *Jean Bapt. van Hove.*
Février, *Pierre de Wever.*
Mars, *Jean Reynaert.*
Avril, *Jean Hofman.*
Mai, *Jean vander Straeten.*
Juin, *Pierre de Poorter.*
Juillet, *Guillaume Goewie.*
Août, *Loüis van Ghendt.*
Septembre,
Livin Kregelmans.
Octobre, *Joſeph Deltour.*
Novembre, *Jean Malſit.*
Decembre, *Antoine Bayens.*
3. L'OURS, ſur l'arbre, *Jean de Veſtre,* à côté *Charles de Vos,* & *Charles Scherrens.*
4. XIII. CHAR répréſentant le Printems.
Samſon, *Joſeph de Smet.*
Flora, *Marie de Coninck.*
1. Nymphe, *Jeanne Aria.*
2. *Jeanne Dorez.*
2. Vierges { *Marie Viſaer.* / *Bern. de Vlieger.*
Cupidon, *Pierre Vereccken.*
Enfans { *Pierre de Coninck.* / *Jacques Boddaert.*
5. Le Guidon de la Confrerie de S. Antoine, *Joſſe le Mercier.*
6. Mars, *Laurent Reuſton.*
7. Differens Perſonnages de la même Confrerie.
Guillaume van Damme.
François Belone.
François Bertin.
Pierre Bertin.
Fredric Croone.
Pierre Lepeleere.
8. L'IBEX,
{ *Herman Roobier.*
A coté { *George Segers.*
{ *Laurent Dierickx.*
9. XIV. CHAR répréſentant l'Eté.

Déeſſe de la Terre,
Magdalene Verheggen.
Ceres, *Marie Ryckboſch.*
Pomone, *Marie Glorieux.*
Flore, *Marie de Ceuleneer.*
Tellus, *Thereſe Dullaert.*
Negres.
Jean vander Cruyſſen.
Livin Steupɩraert.
Loüis de Meulemeeſter.
Jacques Roſſeel.
Jean Hovaere.
10. Le Guidon de la Confrerie de S. Sebaſtien,
Jean Hubert vande Gucht.
11. Différens Perſonnages de la même Confrérie,
Judocus Raeve.
Jean Lemet.
Jean Heveans.
François Mallé.
Baudouin van Dooren.
Jean-Joſeph Jubert.
12. Le ZEBRA ſur lequel eſt aſſis *Jacques van Lockeren,* à côté *Jean Trieſt* & *Joſſe Waudemon.*
13. XV. CHAR, répréſentant l'Automne,
Sur les chevaux d'attelage.
Egide Maſt, fils de *Pierre.*
Iſabelle Maſt, fille de *Pierre.*
Joſeph de Pauw, fils de *Guillaume.*
Roſe de Pauw, fille d'*Emanuël.*
Tonnelier, *Charles de Pauw,* fils de *Livin.*
Hotteurs & Hotteuſes
Livin de Pauw, fils d'*Emanuël.*
Jean Maſt, fils de *Pierre.*
Françoiſe Maſt, fille de *Pierre.*
Jean de Pauw, fils de *Livin.*
Françoiſe Maſt, fille de *Jean.*
Autour de la Cuve.
Pierre Maſt, fils de *Michel.*
Pierre Maſt, fils de *Pierre.*

14. Une Troupe de Vendangeurs.
Jean de Vulder.
Jean Hebbereck.
Jacques van Houcke.
Charles Martelaer.
Jean Braeckman.
André van Hoorebeke.
Jacques Norré.
Jean Stevens.
François de Buck.
Maximilien de Kimpe.
15. XVI. CHAR répréſentant la Fête de Bacchus.
Bacchus,
Jean vander Straeten.
Satires.
Jean Pol.
Jean Steenmaere.
Livin Steenmaere.
Charles Steenmaere.
Antoine Steenmaere.
François Bettens.
Jean de la Motte.
16. Guidon de la Confrérie de S. Michel, *Pierre de Taeye.*
17. Six Perſonnages de la même Confrérie.
Jacques Grenier.
Jean Broutin.
Jean vande Vivere.
Cornille Langenbove.
Alexandre Joury.
Charles Cardon.
18. Le DROMADAIRE, ſur lequel eſt aſſis *Pierre Vercluyſen,* à côté *Laurent Gautier* & *Jean Baptiſte Romel.*
19. XVII. CHAR, répréſentant l'Hiver.
l'Hiver, *Thereſe Wieme.*
Boreas, *Emanuël Biɩbrouck.*
Le Solſtiche,
Bernard Wieme.
Decembre, *Iſabelle Wieme.*

Janvier, *Joseph Wieme.*
Février, *Agnés Wieme.*
20. Le Guidon de la Confrérie de S. George, *Christophe de Smet.*
21. Son Altesse Roïale comme Roi de cette Confrérie, *Charles Wieme.*
22. Six Personnages de la dite Confrérie.
Jean Saingentyn.
Philippe Spillebaut.
Philippe de Springer.

François van Assche.
Antoine de Lepeleire.
Jean de Buck.
23. Le CASTOR, A côté { *Pierre Benau.* *Anne Benau.*
24. XVIII. CHAR, réprésentant les sept Arts Liberaux.
La Grammaire, *Eléonore Billie.*
La Logique, *Michelle Thomas.*
Rhetorique, *Anne-Marie Fermondt.*

La Musique, *Marie Thomas.*
l'Arithmetique, *Marie de Vivier.*
La Geographie, *Catharine Ronse.*
l'Astrologie, *Colete Bertrand.*
Disciples,
Françoise Thomas.
Livin Fermondt.
Pierre Doop.
Lucas Pletsier.
Pierre Clou.
Bernardine Rudderbosch.

Fin de la troisième Partie.

QUATRIÉME PARTIE.

1. UNe troupe de Musiciens.
2. Porte-Etendart, *François de Temmerman.*
3. Le CIGNE sur lequel est assis *François de Roy.*
A coté { *François Verburght.* *Jean Verburght.*
4. Les Dieux des Chants.
Orphé, *Lindeman.*
Les autres,
Moriz.
Tepick.
Lagruet.
Helffer.
Petit.
Tabourau.
Seraers.
5. XIX. CHAR réprésentant le Mont Parnasse.
Apollon, *Martin de Rudder.*
Les 9. Muses.
Marie Thys.
Catharine Morel.
Helene Seraes.
Marie Snoeck.
Anne Pridon.
Jeanne de Ruddere.
Françoise Lippens.
Charlote Godignon.
Claire de Vaere.
l'Escaut, *Jean Meerleire.*
6. Porte-Etendart, *Philippe de Wulf.*
7. Pallas, *Jacques de Waele.*
8. La Renommée, *Bernard Loridon.*
9. Les dix-sept Provinces.

La Flandre, *Ambroise Goethals.*
Le Brabant, *Jean Slock.*
Le Luxembourg, *François Grenier.*
l'Artois, *Pierre Hyde.*
La Hollande, *Jacques Tricot.*
Namur, *Jean van Damme.*
Le Marquisat d'Anvers, *Livin Lyon.*
Malines, *Jacques Grenier.*
Overryssel, *Charles Bauwens.*
Limbourg, *Jacques Verhegghen.*
Gueldres, *Livin Roelant.*
Hainaut, *Jean Speelman.*
Zélande, *Jean Grenier.*
Zutphen, *Josse Clemmen.*
Westfrise, *Pierre Smet.*
Utrecht, *Jean Coppens.*
Groeningue, *Charles Blommaert.*
10. Le RHINOCEROS, sur lequel est assis *Martin Heyse.*
A coté { *Benoit Wademont.* *Philippe de Nobel.*
11. Le Conducteur des Africains, *Charles Vervaet.*
12. Le Porte-Etendart, *Loüis Aerts.*
13. Troupe d'Africains.
Josse de Breuck.
Nicolas Coupet.
Adrien Toma.
Louis Lalloux.
Jean-Baptiste Janniau.

Jean Poucin.
Pierre de Veerdeghem.
Albert Manhaut.
Bernard Verbrugghe.
François de Somer.
Jean van Wachheke.
Jacques de Bruycker.
Emanuel van den Abbeel.
Jacques de Backer.
Emanuel van Driessche.
François de Groote.
Pierre van Greinberghen.
Jean Meurichi.
Pierre Mussche.
Josse Kerrebroeck.
14. l'Empéreur, *Jean Baston.*
15. Six Pages,
Thomas Schelfaut.
Augustin Gyssel.
Bernard Wieme.
Pierre vande Velde.
Charles Maes.
Pierre Verstraeten.
17. Gouverneur de Bamba, *Jean Gyssel.*
18. Gouverneur de Sunde, *Augustin de Bock.*
19. Le Roi de Congo, *Jacques Vispoel*
20. Le Viceroi de Barnage, *Pierre Bekaert.*
21. Le Viceroi de Dangali, *Pierre Angelis.*
22. Le Roi de Mauritanie, *Pierre Fraes.*

23. XX. CHAR, réprésentant l'Afrique, sur le quel sont assis,
Marie van Haute.
Marie Geniets.
Jean Lauwers.
Guillaume de Coninck.
24. Le TIGRE, sur lequel est assise *Therese Brauwer.*
A coté, *Jean Gooffens.*
25. Le Conducteur des Americains, *Charles Touffyn.*
26. Le Porte-Etendart,
Jacques Dbaemer.
27. Troupe des Americains.
François Caron.
Jacques Jacobs.
François Heliyn.
Jean Pernot.
Jean Portois.
Augustin Portois.
Pierre Blommaert.
Marien van Maldegbem.
Pierre van Acker.
Baudouin de Plancke.
Jean Lanckfweert.
Guillaume Sartel.
Jean Thiebaut.
Philippe de Pauw.
Jean de Veerman.
Louis Pietermans.
Gerard Wallez.
Joffe Veeckman.
Martin Braeckman.
Laurent de Smet.
28. L'Empereur,
Jean Borluut de Noortdonk.
29. Six Pages,
Jacques Tack.
Bernard Grenier.
Joffe Martens.
Martin Lotu.
Jacques Stobbelaers.
Pierre Martens.
31. Prince des Asturies,
Pierre Antheunis.
32. Vice-Roi de Gallice,
Philippe van Ostende.
33. Roi d'Espagne,
François Taintenier.
34. Duc de Glocester,
Pierre Lyon.
35. Duc de Cumberland,
Jean Taintenier.
36. Roi d'Angleterre,
François Greuier.

37. XXI. CHAR, réprésentant l'Amerique, sur lequel sont assis,
Marie vander Haegben.
Ifabelle vander Linden.
Therese van Gelder.
Pierre Stichelbaut.
Pierre Geers.
Jacques vander Linden.
38. L'ELEPHANT, sur lequel est assise *Jeanne van Audenaerde*, à côté *Bernard van Audenaerde.*
39. Le Conducteur des Asiatiques,
Joseph Bertrant.
40. Le Porte-Etandart,
François Heye.
41. Troupe des Asiatiques.
Joseph Gervoife.
Jean Lefebure.
George Pallet.
Joseph du Pont.
Adrien Foucart.
Albert Pernot.
Ferdinand Pernot.
Nicolas Monclergeon.
Philippe van Ackere.
Jean Krell.
Amand Bauwens.
Egide Lotu.
Jean van Wyck.
Jean le Begue.
François Verfpeye.
Laurent Thienpont.
François Couffement.
Emanuël van Ceulenbroeck.
Gerard Bauwens.
Jacques van Rentergbem.
42. l'Empereur,
Philippe Gobert.
43. Porte-Parasol,
Albert Gooffens.
44. Six Pages,
Jean Gobert.
Guillaume de Meyer.
Emanuël van Goethem.
Loüis van Goethem.
Augustin van Goethem.
Ferdinand van Goethem.
46. Gouverneur de Junnan.
Theodor van Damme.
47. Gouverneur de Pekin,
Pierre van Gbelder.
48. Viceroi de Nankin,
Philippe Mertens.

49. Gouverneur de Queilin,
Philippe de Beer.
50. Gouverneur de Fochen.
Livin Martens.
51. Viceroi de Foquien,
Pierre Glorieux.
52. XXII. CHAR, réprésentant l'Asie, sur le quel sont assis,
Françoife Teeuws.
Therese Seth.
Jeanne Setb.
Ifabelle Huysman.
François Seth.
53. Le SANGLIER, sur le quel est assife
Jeanne van Weefemaele.
à côté { *Pierre Vlilynck.* / *Jean van Loo.* }
54. Le Conducteur des Romains,
Joseph Goethals.
55. Porte-Etendart,
Pierre Millecam.
56. Troupe de Romains,
Emanuël vander Donck.
Arnold Vollaert.
Joseph Biffchop.
Alexandre van Lierde.
François Sartel.
Philippe Buyck.
Charles Volbracht.
Joseph d'Hoecker.
Jean Peerts.
Jean Yfeboodt.
Loüis Yfeboodt.
Jacques Debbaut.
Antoine de Roy.
François de Paepe.
Jean van Breugel.
Jacques de Clercq.
Jean Verbeggen.
Philippe Cackaert.
Jean Spillebaut.
George Aelfters.
57. l'Empereur,
Alphonfe Huytens.
58. Six Pages,
Charles van Gbelder.
Jacques van Beneden.
Jean Wauters.
Pierre Eggremont.
Joseph Velleman.
Pierre Lybaert.
60. Le Duc de Lithuanie,
Jacques van Loo.
61. Le Duc de Mafovie,
Etienne Millecam.

62. Le Roi de Pologne,
Charles Audenrogghe.

63. Le Prince du Brefil,
Guillaume Millecam.

64. Le Viceroi d'Algarve.
Benoît Haefebyt.

65. Le Roi de Portugal,
Jean Nuytens.

66. XXIII. CHAR, répréfen-
tant l'Europe, fur lequel
font affis,
Philippine Lammens.
Colete Françoife Meyer.
Jeanne Dhaeffchoot.
François-Jofeph Meyer.
Anne de Ruddere.
Tobie de Ruddere.

67. Le Conducteur des Hongrois.
Livin Vervenne.

68. Le Porte-Etendart de la
Hongrie ,
Pierre vande Velde.

69. Les Hongrois.
Jean Faffaert.

Livin Diricx.
Jacques Moentjens.
Jacques van Eeckboute.
Jean Doncker.
Jean van Damme.
Jean Moentjens.
François Coppenole.
Jacques de Rudder.
Jean Claeys.
François Stobbeleere.
Pierre Wuith.
Livin Byft.
Corneille van Keer.
Pierre Champon.
Philippe le Febure.

70. Perfonnages vêtus de Harnois
Louis Davaine.
Corneille Piffon.
Maximilien van Belleghem.
Jean van Erwegen.
Guillaume de Buck.
Pierre de Smet.

71. LE CHAR, répréfentant le
Triomphe de Gand, fur le
quel font affis

Charles le Hardi ,
Philippe le Cat.
Marie de Bourgogne ,
Cecile Burgelman.
L'Empereur Maximilien ,
Jean d'Haefe.
Philippe le Bel,
Pierre la Haye.
Sa Femme,
Marie Therefe de Blauwe.
L'Empereur Charles V.
François le Cat.
La Lorraine ,
Marie vanden Driefche.
La France, *Jeanne van Daele.*
L'Efpagne,
Philippine Coppens.
L'Autriche,
Ifabelle Coppens.
La Ville de Gand,
Chriftine le Cat.

F I N.

DÉTAIL

Des Réjouïffances publiques, qui auront lieu en cette Ville depuis le 30. Mai jufqu'au 15. Juin 1767.

30. *Mai.* A Six heures du foir Comédie Françoife par les Comédiens ordinaires de S. A. R. au Théatre de S. Sébaftien.

31. A la même heure Comédie Françoife.

A 9. heures Illuminations générales par toute la Ville.

A 11. heures Bal mafqué & paré au fufdit Théatre.

1. *Juin.* Après-midi la Cavalcade de Triomphe.

A 7. heures Comedie Françoife.

2. A 3. heures & demie après-midi au Kautre l'exercice de l'Arbalête par la Confrérie de S. George, & les autres de la Flandre.

A 7. heures Opéra Bouffon Flamand.

A 10. heures le grand Feu d'Artifice fur la Place de l'Empereur.

NOTA. *Ce Feu d'Artifice pourroit avoir lieu le* 1. *ou le* 3. *fuivant le tems qu'il fera, & fous le bon plaifir de S. A. R.*

3. A 4. heures après-midi l'exercice des Armes au Kautre par les Confréries de S. Michel.

A 6. heures & demie Opéra Flamand.

4. A 6. heures du foir Comédie Françoife.

5. A 3. heures après-midi la diftribution des Prix du Deffein à la Sale de l'Accadémie, au Marché aux Grains.

6. A 6. heures du foir Opéra Flamand.

7. A 6. heures du foir Concert Spirituel au grand Salon de Cavalcade à l'Hôtel de Ville.

8. A 3. heures après-midi l'exercice de l'Oifeau à l'Arquebufe par les Confréries de S. Antoine, à l'endroit nommé *t'Eynden Weire.*

A 6. heures & demie Comédie Françoife.

A 11. heures Bal mafqué & paré au Théatre de S. Sébaftien.

9. Après-midi la Cavalcade de Triomphe.

A 7. heures Opéra Flamand.

A 9. heures & demie l'exercice de l'Oifeau d'Artifice
au Kautre par les Confréries de S. Antoine.

10. A 3. heures après-midi l'exercice à l'Arc par toutes les
Confréries de S. Sébaftien.

A 6. heures & demie Opéra Flamand.

A 11. heures Bal mafqué & paré, donné gratis par la
Confrérie de S. Sébaftien aux autres Confréries, avec
diftribution des cartes imprimées.

11. A 3. heures après-midi les différens jeux de Tournois
des francs Bateliers, &c. &c. fur l'eau, proche le Pont
aux Herbes.

12. A 6. heures du foir Comédie Françoife.

13. A 3. heures après-midi courre la Bague au Kautre par
les Confréries de S. George de la Province, com-
pofées de Maquignons & Loueurs de Caroffes.

A 6. heures & demie Comédie Flamande.

14. A 6. heures du foir Comédie Françoife.

A 11. heures Bal mafqué & non mafqué au Théatre
de S. Sébaftien.

15. *Juin.* Après-midi Cavalcade de Triomphe.

A 7. heures Comédie Françoife.